BC
PUBLISHING

Barbora Centik hat an der Universität Hamburg einen Masterabschluss in Betriebswirtschaftslehre erworben. Im Laufe ihrer Karriere spezialisierte sie sich auf digitale Produkte sowie Software und arbeitete mit neuen Technologien und den Entwicklungsteams eng zusammen. Während ihrer letzten Anstellung bei einem der größten deutschen Automobilhersteller entwickelte ihr Team Software für eines der ersten Elektroautos auf dem Markt.

Noch vor dem Verlassen des Unternehmens mit dem Ziel der Selbstständigkeit war sie von den Fortschritten im Bereich Künstliche Intelligenz (KI) fasziniert und verfolgte sämtliche Entwicklungen mit großem Interesse. Im Zuge der Beschäftigung mit digitalen Produkten erwarb sie ein umfassendes Verständnis für die technologischen Möglichkeiten und Grenzen von KI. Sie widmet sich gerne komplexen Themen wie Machine Learning, Blockchain und Psychologie.

In diesem Buch präsentiert die Autorin ihr umfangreiches Wissen und erklärt vielschichtige Themen auf eine leicht verständliche Weise. Sie betrachtet KI als eine der bedeutendsten Entwicklungen der Menschheitsgeschichte und ist davon überzeugt, dass sie das Potenzial hat, die Welt in einem beispiellosen Ausmaß zu verändern.

Ihre scharfsinnigen Analysen machen dieses Buch zu einem unverzichtbaren Werk für alle, die ein Interesse an KI, ihren positiven Auswirkungen, aber auch an den mit ihr aufkommenden Gefahren haben und von der neuen Ära profitieren möchten.

BARBORA CENTIK

KÜNSTLICHE INTELLIGENZ
UND WIE SIE DIE GESCHICHTE DER MENSCHHEIT VERÄNDERT

VON DEN ANFÄNGEN DER KI
BIS HIN ZU CHATGPT

◇◇◇

AUSWIRKUNGEN, GEFAHREN,
CHANCEN UND WIE AUCH SIE
VON DER KI PROFITIEREN KÖNNEN

Bitte senden Sie alle Anfragen, Fragen oder Feedback an info@8bcpublishing.com
8BC Publishing, Barbora Centik,
Xaver-Hamberger-Weg 17b, 85614 Kirchseeon
https://www.instagram.com/8BCpublishing
www.8bcpublishing.de

ISBN 9783949152313 TASCHENBUCH

ISBN 9783347998537 HARDCOVER

„Genießen Sie das Echte,

solange es noch erkennbar ist.“

Barbora Centik

Inhaltsverzeichnis

1 Einleitende Worte

Willkommen in einem Buch, das die faszinierende Welt Künstlicher Intelligenz (KI) enthüllt, einem Buch, das Sie von Anfang bis Ende mitreißen wird und das Sie sicherlich nicht mehr aus der Hand legen möchten. Die Zeiten ändern sich und KI entwickelt sich in einem atemberaubenden Tempo. Wenn dieses Buch vor einem oder vielleicht zwei Monaten erschienen wäre, hätte es noch ganz anders ausgesehen.

Haben Sie sich jemals gefragt, wie Algorithmen die Persönlichkeit beeinflussen können oder ob Ihr Beruf in der Zukunft von einer KI ausgeübt wird? Dieses Buch wird Ihnen aufschlussreiche Einblicke und Antworten auf viele Fragen geben.

Der schnelle Fortschritt von KI mag Ihnen Angst einflößen, jedoch sind Sie damit nicht allein. Wir fürchten uns oft vor Dingen und Entwicklungen, die wir nicht verstehen. Ich lade Sie deshalb auf eine atemberaubende Reise in die Welt der KI ein, damit wir gemeinsam optimistisch in die Zukunft blicken können.

Ich bin begeistert von dieser neuen Ära, von der die meisten dachten, dass sie erst in 50 oder 100 Jahren eintritt. Die KI-Technologie hat enorme Fortschritte gemacht und durchdringt zunehmend alle Bereiche des Lebens. Vieles klingt wie Science-Fiction, ist aber schon längst Realität geworden.

Ironischerweise erschaffen sich Menschen mit KI ihre größte Konkurrenz selbst. In Kürze wird der digitale Schüler[1] die Arbeit des menschlichen Meisters übernehmen. Wir erschufen KI, jedoch gibt es keinen Menschen auf diesem Planeten, der so viel Wissen aus allen Bereichen aufweist und in solch hoher Geschwindigkeit anwenden könnte wie sie, von der künstlerischen Kreativität – ob digital erstellte Gemälde oder in Windeseile komponierte Symphonien – ganz zu schweigen. Das ist nur ein Aspekt dieser faszinierenden Technologie, über die Sie hier mehr erfahren werden.

Das Buch, das Sie gerade in Ihren Händen halten, ist das erste und gleichzeitig das letzte Werk über KI, das Sie jemals brauchen werden. Sie wird sich zwar jeden

---

[1] Für einen besseren Lesefluss wird an manchen Stellen nur die männliche Sprachform verwendet. Sämtliche Personenbezeichnungen gelten jedoch für alle Geschlechter.

Tag weiterentwickeln, aber mit diesen Inhalten haben Sie das Wissen und die Werkzeuge, die Sie benötigen, um mit der Entwicklung Schritt zu halten. Der Großteil der Welt ist sich noch nicht dessen bewusst, was im Hintergrund geschieht. Mit diesem Buch werden Sie einen entscheidenden Vorsprung gewinnen.

Zunächst bedarf es einer Klärung der Frage, was KI ist. Kurz gesagt, handelt es sich um eine Technologie, die es Programmen und Maschinen ermöglicht, menschenähnliche Denk- und Lernprozesse auszuführen. Sie ist längst ein wesentlicher Bestandteil des täglichen Lebens. Ich werde Ihnen die Hintergründe aufzeigen und auch einen Blick in die Historie der KI geben, doch hier geht es nicht um die üblichen, allgemein bekannten Informationen. Sie werden unter meiner Anleitung viel weiter in das Innere vordringen und Erkenntnisse gewinnen, die nur wenigen zugänglich sind.

Im ersten Kapitel nehme ich Sie auf eine spannende Reise durch die Geschichte der KI mit. Von den ersten Pionieren, die den Grundstein legten, bis hin zu den bahnbrechenden Entwicklungen der Gegenwart werden wir die entscheidenden Meilensteine erforschen. In den folgenden Kapiteln schließt sich eine Vielzahl faszinierender Themen an. Sie werden sich mit ethischen Fragen rund um KI auseinandersetzen und in den Diskurs um die Frage einsteigen, wie Datenschutz und Privatsphäre in dieser neuen Ära gewährleistet werden können – hier erfahren Sie, wie Sie Ihre Daten effektiv schützen können, ohne die Vorteile der Nutzung von KI aufgeben zu müssen.

Außerdem werden die Auswirkungen des Einsatzes von KI auf die Wirtschaft untersucht und der Einfluss auf die Arbeitswelt wird verdeutlicht. Sie erfahren, wie sie bereits Branchen transformiert und neue Möglichkeiten für Wachstum und Innovation schafft. Im Fokus stehen auch die Auswirkungen des Einsatzes von KI auf die Beschäftigungslage und die Arbeitsplätze der Zukunft sowie neue Perspektiven und Strategien, mit denen Sie sich in einer sich wandelnden Arbeitswelt erfolgreich behaupten können.

In der Verbindung zwischen KI, Gesellschaft und sozialen Medien wird untersucht, wie die Kommunikation, die Informationsverbreitung und die Wahrnehmung der Realität beeinflusst werden. Darüber hinaus spielt in diesem Buch die Umwelt eine bedeutende Rolle, denn KI birgt sowohl Chancen als auch Herausforderungen für unseren Planeten. Ich möchte Sie ermutigen, die Auswirkungen ihrer Nutzung nicht nur zu verstehen, sondern auch zu Ihrem Vorteil zu nutzen. Und genau deswegen werde ich Ihnen im letzten Kapitel aufzeigen, wie Sie persönlich von dieser digitalen Revolution profitieren können.

Ich verspreche Ihnen, dass sich Ihre Perspektive auf KI verändern und dass das Zitat am Anfang dieses Buchs viel mehr Sinn ergeben wird, wenn Sie auf den Schlussseiten angekommen sind. Sie werden KI mit anderen Augen sehen und verstehen, wie sie den Alltag, die Arbeit und die Gesellschaft prägt.

Nun ist es an der Zeit, das erste Kapitel zu öffnen – tauchen Sie in diese faszinierende Welt ein und verschaffen Sie sich einen Wissensvorsprung.

2 Ein Einblick in die Historie der Künstlichen Intelligenz

Die Idee der KI, die menschenähnliche Denk- und Entscheidungsprozesse nachbildet, erfuhr seit ihren Anfängen eine bemerkenswerte Entwicklung. KI hat sich mittlerweile als ein Schlüsselbereich der modernen Technologie positioniert. In diesem Kapitel nehme ich Sie mit auf eine faszinierende Reise durch ihre Geschichte – von den frühesten Konzepten über die entscheidenden Meilensteine bis hin zu den neuen Durchbrüchen.

2.1 Die Ursprungsidee

Die Idee der Erschaffung von KI geht auf die 1950er-Jahre zurück. In dieser Zeit begannen fachkundige Personen, über Computer nachzudenken, deren Möglichkeiten über die reine Datenverarbeitung hinausgehen. Der britische Mathematiker und Logiker Alan Turing war einer der Ersten mit der Idee einer KI. In seinem Aufsatz „Computing Machinery and Intelligence" aus dem Jahr 1950 stellte er die Frage, ob es möglich ist, eine Maschine so zu bauen, dass sie als menschlich wahrgenommen wird.

Ein weiterer Pionier in diesem Bereich war der US-amerikanische Wissenschaftler und Ingenieur John McCarthy. Er organisierte im Jahr 1956 ein Treffen von Wissenschaftlern und Ingenieuren, die sich mit der Idee der KI beschäftigten. Dieses Zusammenkommen, die sogenannte Dartmouth Conference, gilt als die Geburtsstunde der KI.

Im Jahr 1956 gab es einen weiteren bedeutsamen Fortschritt, der mit Herbert A. Simon, Allen Newell, Cliff Shaw und ihrem Computerprogramm Logic Theorist verbunden ist. Sie entwickelten damit das erste KI-basierte Programm, das in der Lage war, logische Beweise automatisch zu generieren und somit die menschliche Fähigkeit zur Lösung komplexer Fragestellungen zu simulieren.

In den 1960er-Jahren wurden Formen von KI wie Mustererkennung, natürliche Sprachverarbeitung (Natural Language Processing – NLP) und Entscheidungsfindung in Computerprogramme implementiert.

Exemplarische frühe Erfolge in diesem Bereich waren das Schachprogramm MacHack und das medizinische Diagnoseprogramm MYCIN, das bei der Behandlung von Infektionskrankheiten unterstützte.

In den 1970er- und 1980er-Jahren erfuhren die Entwicklung und der Einsatz von KI jedoch wenig Unterstützung seitens der Regierung und der Wirtschaft. Dies führte zu einem KI-Winter in den USA und Europa. Er war durch mehrere Faktoren ausgelöst worden. Eine der Hauptursachen betraf den Mangel an Rechenleistung zu dieser Zeit, der die Weiterentwicklung von Computerprogrammen einschränkte. Darüber hinaus erfüllten viele der frühen Versprechungen bezüglich KI nicht die Erwartungen, was zu einem Rückschritt in der Finanzierung führte. Die übertriebene Darstellung der KI-Forschung, die interdisziplinäre Natur und die Konflikte in der Forschung wurden ebenfalls als Gründe für den Beginn des KI-Winters genannt.

Es dauerte bis in die 1990er-Jahre, bis die Technologienutzung und die Finanzierung wieder zunahmen und die Forschung in Schwung kam. Trotz der Verlangsamung in diesen Jahren wurden viele bereits bestehende

KI-Systeme und -Theorien weiterentwickelt und optimiert.

 **Der Turing-Test** ist ein Test, der von dem britischen Mathematiker und Computerwissenschaftler Alan Turing im Jahr 1950 vorgestellt wurde. Sein Einsatz dient dem Ziel, zu überprüfen, ob ein Computer in der Lage ist, wie ein Mensch zu denken und zu kommunizieren.

Die Testnutzung setzt voraus, dass sich ein Mensch und ein Computerprogramm über Textnachrichten mit einer dritten Person unterhalten. Diese dritte Person, der Richter, sitzt in einem separaten Raum und entscheidet basierend auf der Natur der Kommunikation, welcher der beiden Kommunikationspartner der Computer und welcher der Mensch ist.

Turing argumentierte folgendermaßen: Wenn ein Computer den Richter davon zu überzeugen vermag, dass er ein Mensch ist, lässt sich behaupten, dass er wie ein Mensch denken und kommunizieren kann. Der Test hatte einen großen Einfluss auf die KI-Forschung und inspirierte viele Personen mit Expertise und Interesse, an der Entwicklung von menschenähnlichen Computersystemen zu arbeiten.

Zu beachten gilt es, dass der Turing-Test umstritten ist und von einigen als ungenau und unzureichend erachtet wird, wenn es darum geht, die Fähigkeiten von KI-Systemen zu beurteilen. Trotzdem stellt er einen wesentlichen Meilenstein in der Geschichte der KI dar, der die Entwicklung von Systemen mit menschenähnlichen Fähigkeiten beeinflusste.

2.2 Die ersten Labore und Forschungszentren

Die Entstehung der ersten Labore und Forschungszentren war ein bedeutsamer Schritt in der Geschichte von KI. Diese Einrichtungen ermöglichten es, wissenschaftliche Untersuchungen und Experimente in einer geeigneten Umgebung durchzuführen und sich auf die Entwicklung von KI-Systemen zu konzentrieren. Einige dieser frühen Arbeiten und Experimente hatten tiefgreifende Auswirkungen auf die KI und ihre Anwendung.

In den späten 1950er-Jahren gründeten John McCarthy und Marvin L. Minsky ein KI-Projekt, das zu einem der ersten KI-Labore wurde – das Artificial Intelligence Laboratory am Massachusetts Institute of Technology (MIT). In dem Labor wurde auf verschiedenen KI-Gebieten Pionierarbeit geleistet. Die hier Tätigen waren maßgeblich an vielen grundlegenden KI-Konzepten und -Technologien beteiligt, beispielsweise an der Entwicklung der Programmiersprache Lisp und der Weiterentwicklung des maschinellen Lernens sowie der neuronalen Netze.

Ein weiteres bedeutendes KI-Labor war das Artificial Intelligence Center am damaligen Stanford Research Institute (heute SRI International), das 1966 gegründet wurde. Ihm kam eine Schlüsselrolle in der frühen KI-Entwicklung zu. Der Grundstein für viele heutige Technologien entstand hier. Ein Schwerpunkt lag auf der Entwicklung von neuen Systemen und Arbeiten in den Bereichen Mustererkennung und Robotik. So hatte *Shakey the Robot* eine entscheidende Funktion in der Entstehung weiterer Technologien, die heute täglich genutzt werden. Dieser erste autonome Roboter war in der Lage, seine Umgebung zu erkennen, sich selbstständig zu bewegen und schnell menschenähnliche Entscheidungen zu treffen. Shakey inspirierte zahlreiche Technologien wie Mobiltelefone, globale Positionsbestimmungssysteme (GPS), selbstfahrende Fahrzeuge, Drohnen und den Roomba-Staubsaugerroboter.[2]

Einige der frühen KI-Labore und -Forschungszentren erhielten aufgrund der damaligen politischen Lage, die zum Beispiel durch den Kalten Krieg geprägt war, Finanzierung von Regierungsbehörden. Die Arbeiten wurden daher oft mit einem militärischen oder nationalen Sicherheitsfokus ausgeführt. Dies hatte Auswirkungen darauf, wie die Entwicklung der KI in diesen Einrichtungen priorisiert wurde und welche Anwendungen untersucht wurden.

---

[2] SRI International (o. D.)

2.3 Der Einfluss der Computerwissenschaft und der Mathematik

Die Entwicklungen in der Computerwissenschaft und in der Mathematik hatten einen großen Einfluss auf die Entstehung und den Fortschritt von KI. Einige der wesentlichen Meilensteine in diesen Bereichen sind die Erfindung des Computers, die Entwicklung der Programmierung, die Erforschung von Algorithmen und die Entwicklung von neuronalen Netzen.

Die ersten Computer, Maschinen, die rechnen und speichern konnten, legten in den 1940er-Jahren die Grundlage für die Entstehung der KI. Als **der erste digitale Computer** gilt der von John Atanasoff und Clifford Berry gebaute Atanasoff-Berry-Computer (ABC). Ohne Computer wäre es unmöglich, die für die Entstehung von KI erforderlichen komplexen Berechnungen und Analysen durchzuführen. Mit der Erfindung des Computers und seiner zunehmenden Verbreitung wurde es möglich, seine Fähigkeiten zu nutzen, um Probleme in der Datenanalyse und der Mustererkennung zu lösen.

Ein bedeutsamer weiterer Faktor war die **Entwicklung der Programmierung**. Unter Verwendung von Programmiersprachen wie Lisp, Prolog und Python ließen sich Computern Anweisungen erteilen, bestimmte Aufgaben automatisch auszuführen. Dies ermöglichte, komplexe Prozesse und Algorithmen zu erstellen, die später für die Entstehung von KI erforderlich waren.

Die **Erforschung von Algorithmen**, insbesondere von maschinellen Lernalgorithmen, hatte ebenfalls einen großen Einfluss auf die KI. Vereinfacht erklärt sind Algorithmen Regeln und Schritte, die in einer bestimmten Reihenfolge ausgeführt werden, um Aufgaben und Probleme zu lösen. Sie bilden eine der Grundlagen von Informatik und KI, da sie die Implementierung von Programmen und die Verarbeitung von Informationen fundieren. Maschinelles Lernen ermöglicht Computern, aus großen Datenmengen zu lernen und Trends zu erkennen, ohne explizit dafür programmiert worden zu sein. Dies ermöglichte die Entstehung von KI-Systemen, die heute in der Lage sind, Aufgaben wie die Erkennung von Gesichtern und Übersetzungen zwischen verschiedenen Sprachen automatisch auszuführen.

Schließlich hatte die **Entwicklung von neuronalen Netzen** einen großen Einfluss auf die KI. Neuronale Netze sind Computersysteme, die auf der Struktur und der Funktionsweise des menschlichen Gehirns basieren. Sie ermöglichen Computern, komplexe Muster in Daten zu erkennen und Entscheidungen auf deren Grundlage zu treffen. Diese Technologie führte zu KI-Systemen, die in der Lage sind, Aufgaben wie die Erkennung von Sprache und Bildern zu erfüllen. Solche Aufgaben erscheinen für Menschen mitunter sehr leicht zu bewältigen, sind aber für Computer sehr komplex.

Durch die Verwendung von neuronalen Netzen und maschinellen Lernalgorithmen sind KI-Systeme heutzutage in der Lage, selbstständig zu lernen und sich an neue Umgebungen anzupassen, was ihre Anwendbarkeit in vielen Bereichen erhöhte.

Neuronale Netze

- Die Idee von neuronalen Netzen geht auf die 1940er-Jahre zurück, als Warren McCulloch und Walter Pitts ein Modell eines künstlichen Neurons vorstellten.

- Neuronale Netze waren in den 1950er- und 1960er-Jahren ein beliebtes Forschungsgebiet, aber die damaligen Computer jedoch nicht leistungsfähig genug, um komplexe neuronale Netze zu trainieren.

- Die Wiederentdeckung der neuronalen Netze in den 1980er-Jahren war einem der Väter vom Deep Learning zu verdanken – dem im Jahr 1971 bei einem Bootsunfall verstorbenen Frank Rosenblatt. Er legte die ersten Grundsteine für den Weg zur heutigen KI.

- Neuronale Netze werden heutzutage oft in Verbindung mit tiefen Lernalgorithmen (Deep Learning) verwendet, die es ermöglichen, sehr komplexe Muster in Daten zu erkennen.

- Einige der größten Erfolge der neuronalen Netze sind deren Verwendung in selbstfahrenden Autos, in der Medizin für die Diagnose von Krankheiten und in der menschenähnlichen Sprachverarbeitung und Übersetzung.

- Neuronale Netze werden auch in der Finanzwirtschaft eingesetzt, um Muster in Finanzdaten zu erkennen und Prognosen für zukünftige Entwicklungen zu treffen.

2.4 Symbolische Künstliche Intelligenz

Die symbolische KI, auch bekannt als klassische oder regelbasierte KI, impliziert die Verwendung von Symbolen und Regeln, um Intelligenz nachzubilden. Symbolische KI nutzt formale Logik und symbolische Repräsentationen, um menschenähnliche Denkwege und Problemlösungen zu simulieren. Diese Systeme basieren oft auf Expertenwissen, das in Form von Regeln und Fakten kodiert ist, um Probleme zu lösen und Entscheidungen zu treffen. Symbolische KI entwickelte sich hauptsächlich in den 1950er- bis 1980er-Jahren.

Eines der frühesten Beispiele für diese Art der KI ist das Logic-Theorist-Programm aus dem Jahr 1956 (siehe 2.1), das demonstrierte, dass Computer in der Lage sind, komplexe logische Probleme zu lösen. Ein weiteres maßgebliches Beispiel stellt das von Richard D. Greenblatt entwickelte Schachprogramm MacHack dar. Im Jahr 1967 wurde es zum ersten Computerprogramm, das in einem offiziellen Turnier gegen einen menschlichen Gegner antrat.

In den 1970er- und 1980er-Jahren entstanden die ersten erfolgreichen Anwendungen symbolischer KI in den Bereichen Medizin, Wirtschaft und Forschung. Das Expertensystem PROSPECTOR, das von der SRI International in den 1970er-Jahren entwickelt wurde, diente beispielsweise der Exploration von Mineralienvorkommen und konnte in der Geologie bei der Identifizierung potenziell interessanter Standorte unterstützen.

Es wurde in der Vergangenheit oft kritisiert, dass symbolische KI nicht in der Lage ist, menschliche Intelligenz vollständig nachzubilden, und sich auf eine sehr begrenzte Anzahl von Problemen und Anwendungen beschränkt. Trotzdem leistete sie relevante Beiträge zur Entwicklung der KI und bahnte den Weg für den weiteren Fortschritt in diesem Bereich. Heute wird symbolische KI oft in Kombination mit Methoden der nichtsymbolischen KI verwendet, um die Stärken beider Ansätze zu nutzen und effektivere, vielseitigere Systeme zu entwickeln.

2.5 Nichtsymbolische Künstliche Intelligenz

Nach der Entwicklung der symbolischen KI verlegte die Forschung ihren Schwerpunkt auf die Entwicklung von Methoden, die auf statistischen und maschinellen Lernansätzen basieren, auch als nichtsymbolische oder subsymbolische KI bezeichnet. Sie nutzen Algorithmen, um Muster und Trends in Daten zu erkennen und Prognosen zu treffen.

Die nichtsymbolische KI konzentriert sich insbesondere im Bereich des maschinellen Lernens und der neuronalen Netze auf datengetriebene Ansätze, mit dem Ziel, KI-Systeme zu entwickeln, die aus Daten lernen können, ohne auf vorgegebene Regeln und Symbolstrukturen angewiesen zu sein.

Beim maschinellen Lernen dienen Algorithmen dazu, aus Daten zu lernen und Prognosen zu treffen, ohne dafür explizit programmiert worden zu sein. Diese Ansätze werden heute vielfältig eingesetzt, zum Beispiel im Kontext von Empfehlungssystemen und medizinischen Diagnosen.

Die nichtsymbolische KI begann sich in den 1980er-Jahren stärker zu entwickeln. Ein bedeutsamer Durchbruch in diesem Bereich war die Entwicklung der in Abschnitt 2.3 beschriebenen neuronalen Netze, die heute in Anwendungen wie der Spracherkennung und der Computervision zum Einsatz kommen.

In den letzten Jahren spielte die Entwicklung von tiefen neuronalen Netzen eine immer größere Rolle in der KI-Forschung und in den KI-Anwendungen. Diese Art von neuronalen Netzen besteht aus mehreren Schichten. Sie enthalten miteinander verbundene Knoten, auch Neuronen genannt, die es ermöglichen, komplexe Probleme zu lösen.

Das auf tiefen neuronalen Netzen basierende Deep Learning verhalf in Bereichen wie Computervision, Sprachverarbeitung und Spiele zu großen Erfolgen, unter anderem zu Fortschritten in der Erkennung von Gesichtern und Sprache, der maschinellen Übersetzung sowie der Steuerung von Computerspielen. Es ist auch ein bedeutsamer Bestandteil von Anwendungen in autonomen Fahrzeugen sowie der medizinischen Diagnose und in personalisierten Empfehlungssystemen.

Computervision stellt ein Teilgebiet der KI dar. Es ist der Entwicklung von Algorithmen und Systemen gewidmet, die es Computern ermöglichen, Bilder und Videos zu verstehen und zu interpretieren. Dazu gehören die Erkennung von Objekten, Gesichtern, Texten und Bewegungen in Bildern und Videos sowie die Schätzung von Eigenschaften wie Größe, Farbe und Position.

Computervision wird in einer Vielzahl von Anwendungen eingesetzt, zum Beispiel in der automatischen Steuerung von Fahrzeugen, der Überwachung von Sicherheitssystemen, der medizinischen Bildgebung, der industriellen Inspektion und der Produktion von Robotern. Sie hat auch großen Einfluss auf die Fotografie, die Filmindustrie, die Unterhaltungsbranche und soziale Medien.

Ein bedeutsamer Bestandteil der Computervision ist die Verwendung von neuronalen Netzen, insbesondere von tiefen neuronalen Netzen, die komplexe Muster in Bildern und Videos erkennen können. Dies führte zu großen Fortschritten in der Computervision und ermöglicht der KI, Bilder und Videos mit menschenähnlicher Genauigkeit zu verstehen und zu analysieren.

2.6 Kognitive Künstliche Intelligenz

Kognitive KI ist eine Begrifflichkeit, die sich auf Systeme mit menschenähnlichen Fähigkeiten bezieht, zum Beispiel das Verstehen der natürlichen Sprache, das Erkennen von Emotionen und das Lösen von Problemen. Sie kann sowohl symbolische als auch nichtsymbolische oder subsymbolische Ansätze umfassen, je nachdem, wie die Intelligenz in einem bestimmten System modelliert wird.

Dahinter steht der Ansatz, die Fähigkeiten des menschlichen Geists nachzuahmen, indem die Technologien und Methoden zur Anwendung kommen, die beispielsweise auf neuronalen Netzen, maschinellem Lernen und natürlicher Sprachverarbeitung basieren. Sie ermöglicht, dass Computer auf natürliche Weise mit Menschen kommunizieren und Probleme auf menschenähnliche Weise lösen. Es ist jedoch zu beachten, dass die kognitive KI kein starres Konzept ist und sich auf eine Vielzahl von Techniken und Methoden beziehen kann, die darauf abzielen, menschenähnliche Intelligenz in Computern zu simulieren.

Die Entstehung kognitiver KI und der natürlichen Sprachverarbeitung sind eng miteinander verbunden. Sie haben ihre Wurzeln in den frühen Arbeiten der symbolischen KI. Ein bedeutsamer Meilenstein in diesem Bereich war die Entwicklung des ELIZA-Programms, das im Jahr 1966 von Joseph Weizenbaum fertiggestellt wurde. Es ließ sich nutzen, um natürliche Sprache zu verstehen und auf Spracheingaben von Menschen mit einer passenden Antwort zu reagieren, indem es Schlüsselwörter erkannte und vorprogrammierte Floskeln einbaute. Einige der frühen Erfolge in der natürlichen Sprachverarbeitung wurden durch den Turing-Test (siehe Abschnitt 2.1) motiviert.

Heute werden Methoden der kognitiven KI und der natürlichen Sprachverarbeitung in einer Vielzahl von Anwendungen eingesetzt, zum Beispiel in der Spracherkennung, der Übersetzung, der Textanalyse und der Textgenerierung. Sie sind auch von Relevanz für die Entwicklung von virtuellen Assistenten und Chatbots, die es Menschen ermöglichen, mit Computern auf natürliche Weise zu kommunizieren.

2.7 Neue Trends in der Erforschung Künstlicher Intelligenz

Die KI-Forschung erzielte in den letzten Jahren zügig Fortschritte und es gibt immer wieder neue Entwicklungen und Trends, die die Branche beeinflussen. Einer der aktuellen Schwerpunkte der KI-Forschung ist die Entwicklung der **Künstlichen Allgemeinen Intelligenz** (AGI – Artificial General Inteligence). Diese soll es einem Computer ermöglichen, menschenähnliche Aufgaben auszuführen und Probleme anzugehen, die bislang nur von Menschen gelöst werden konnten.

Systeme, die einer AGI nahekommen, aber noch keine AGI darstellen, sind beispielsweise:

- IBM Watson, ein computergestütztes System, das in der Lage ist, natürliche Sprache zu verstehen und zu verarbeiten sowie Daten in Echtzeit zu analysieren und zu interpretieren.

- Google DeepMind's AlphaGo, ein Computersystem, das imstande ist, das komplexe Spiel Go gegen einen Profi zu spielen und zu gewinnen.

- Sophia, ein humanoider Roboter des Hongkonger Unternehmens Hanson Robotics, der natürliche Sprache zu verstehen und zu sprechen sowie Emotionen zu erkennen und zu imitieren vermag. Sophia sang einmal ein Duett mit Jimmy Fallon und wurde im Jahr 2017 sogar in Saudi-Arabien eingebürgert.

Lassen Sie uns jetzt zu einem KI-System kommen, das Forschungsergebnissen zufolge bereits Anzeichen einer AGI aufweist – einem Large Language Model (LLM) namens **ChatGPT**. Solche Modelle sind auf natürliche Sprache spezialisiert und in der Lage, komplexe Textaufgaben wie Übersetzung, Zusammenfassung, Textgenerierung und vieles mehr zu bewältigen. **GPTs**

(Generative Pre-trained Transformers) als eine Familie von LLMs wurden von der Firma OpenAI entwickelt und basieren auf der Transformer-Architektur. Die aktuelle Version von GPT – GPT 4 – ähnelt in vielen Punkten der menschlichen Intelligenz und kann als ihr überlegen bezeichnet werden: Es gibt keinen Menschen auf dem Planeten, der so viel Wissen in allen Bereichen aufweist und in Sekundenschnelle anwenden kann. Prognostiziert wird, dass diese Technologie einen immensen Einfluss auf den Arbeitsmarkt haben wird – dazu mehr im sechsten Kapitel.

Die zentrale Behauptung einer aktuellen Studie von Microsoft Research ist, dass GPT-4 eine Form von Intelligenz erreicht, die Züge von AGI aufweist. Dies zeigt sich an den geistigen Fähigkeiten, beispielsweise logischem Denken, Deduktion und Kreativität, der Bandbreite der Themen, in denen dieses Modell bereits Fachwissen bereithält, etwa in der Medizin und in der Literatur, und an der Vielfalt der Aufgaben, die es ausführen kann, darunter Spiele spielen und sich selbst erklären. Laut der Schlussfolgerung dieser Studie ist jedoch noch einiges zu tun, bis ein System entwickelt werden kann, das sich als vollständige AGI bezeichnen lässt.[3]

Mit einer derart raschen Fortentwicklung, die bereits im Jahr 2023 Anzeichen der AGI in KI-Modellen hervorbrachte, wurde vielfach nicht gerechnet. Diese zügige Progression löst nicht nur Besorgnis in der Bevölkerung aus, sondern veranlasst auch Personen mit Expertise im Bereich der KI sowie in deren Entwicklung zum Nachdenken.

Das gegenwärtig fortschrittlichste GPT-Modell wurde von der Firma OpenAI entwickelt, die inzwischen eine lang anhaltende Partnerschaft mit Microsoft etablierte. Dieser Milliardendeal zielt darauf ab, den Fortschritt im Bereich KI zu beschleunigen und deren Nutzen weitläufig zugänglich zu machen. Microsoft hat Pläne, seine Investitionen in die Schaffung und Implementierung spezialisierter Supercomputing-Systeme zu erhöhen, um die eigenständige Forschung von OpenAI voranzutreiben. Ebenso integriert das Unternehmen bereits OpenAI-Modelle in seine Produkte.

---

[3] Bubeck, S. et al. (2023)

Das GPT-Modell erregte beträchtliche Aufmerksamkeit – sowohl unter den Entwicklern als auch in zahlreichen Unternehmen und im privaten Bereich. Es existieren zahlreiche weitere KI-Modelle ähnlicher Ausprägung, und ihre Zahl wird zweifellos in der Zukunft zunehmen. Beispielsweise sind der Chatbot Bard von Google, der Chatbot Ernie von Baidu und Claude von dem Start-up Anthropic hier nennenswert.

GPT-Entwicklung

1. GPT (2018): In diesem Jahr erfolgte die Einführung der GPT-Familie mit der Transformer-Architektur für Aufgaben im Bereich der natürlichen Sprachverarbeitung. Trotz seiner Leistungsfähigkeit waren die Fähigkeiten und Anwendungsbereiche dieses Modells noch begrenzt.

2. GPT-2 (2019): Durch eine Steigerung der Parameterzahl (1,5 Milliarden) wurden die Fähigkeiten erweitert. Das Modell zeigte beeindruckende Textgenerierungskapazitäten, wurde jedoch zunächst

aufgrund möglicher Missbrauchsgefahren einge-
schränkt veröffentlicht.

3. GPT-3 (2020): Mit einer massiven Skalierung auf
175 Milliarden Parameter erreichte das Modell
beeindruckende Lernfähigkeiten und vielfältige
Anwendungsmöglichkeiten. Die Veröffentlichung
im November 2022 führte zu zahlreichen ethischen
Diskussionen.

4. GPT-3.5 (Januar 2023): Dieses Modell hat so wie die
vorherigen Modelle keinen Zugriff auf das Internet.
Somit entspricht das Wissensniveau von GPT-3.5
dem von GPT-3 und reicht bis September 2021.
Trotzdem arbeitet diese Version erheblich schneller
als ihr Vorgänger. Die Nutzung von GPT-3.5 ist auf
der Plattform openai.com kostenlos möglich.

5. GPT-4 (März 2023): Das neueste Modell zeichnet
sich durch herausragende Fähigkeiten in komplexen
Aufgaben aus, die fortgeschrittenes Denken, Kreativität und umfassendes Verständnis von Anweisungen erfordern. Vor der Veröffentlichung dieses
Buchs war GPT-4 nur für Abonnierende von
ChatGPT Plus zu einem Preis von 20 Dollar pro

Monat verfügbar. Das vorherige Modell bleibt weiterhin frei zugänglich.

6. Plugins für GPT-4 (März 2023): Innerhalb von weniger als zwei Wochen nach der Einführung von GPT-4 präsentierte OpenAI die ersten Plugins. Diese ermöglichen Echtzeit-Funktionen wie Tabellenanalyse, Datenvisualisierung, Rezepterstellung mit Zutatenbestellung, die Planung und Buchung von Traumurlauben und vieles mehr. Die Plugins stammen von Unternehmen wie Expedia, Kayak, Klarna und Wolfram. Bisher hatten nur Entwickler und ChatGPT-Plus-Nutzer Zugriff auf die Plugins. Zusätzlich stellt OpenAI zwei eigene Plugins bereit: einen Webbrowser und einen Code-Interpreter. Mit dem Webbrowser wird der Wissensstand von 2021 überwunden.

7. GPT-4 mit Internetzugang und App (Mai 2023): Mitte Mai führte OpenAI ein bedeutendes Update ein, das Nutzern ermöglicht, das Internet mit dem Chatbot zu durchsuchen. Dies eröffnet ChatGPT-Plus-Nutzern den Zugriff auf aktuelle Informationen und die Möglichkeit, Fragen zu aktuellen Themen und Ereignissen zu stellen. Ebenfalls

gelauncht wurde eine App für iOS. Eine App für Android wird in der nahen Zukunft erwartet.

Ein Verständnis von tiefen neuronalen Netzen (**Deep Neural Networks** –DNNs) ist ebenfalls von essenzieller Bedeutung, da sie mit vielfältigen Einsatzmöglichkeiten im Alltag einhergehen. So ermöglichen DNNs die Identifikation komplexer Muster in umfangreichen Datensätzen sowie die Erstellung von Vorhersagen. Einige Ihnen sicherlich zumindest teilweise bekannte Anwendungsfelder sind:

- Bilderkennung (zum Beispiel in medizinischen Diagnosen, Überwachungskameras und autonomen Fahrsystemen)

- Spracherkennung und -übersetzung (in Sprachassistenten wie Siri oder Alexa)

- Wissenschaftliche Simulationen und Prognosen (zum Beispiel in der Wettervorhersage und im Rahmen von Finanzprognosen)

- Empfehlungssysteme (in Online-Shops, Musik- und Video-Streaming-Diensten)

- Generierung von Medieninhalten (wie Text, Musik und Bildern)

- Finanzdienstleistungen (zum Beispiel Betrugserkennung und Kreditvergabe)

- Produktion und Logistik (einschließlich Wartungsplanung und Lagerverwaltung)

Ein aktueller Fokus innerhalb der KI-Forschung ist die Entwicklung von **Generative Adversarial Networks** (GANs), einer speziellen Kategorie der DNNs. Sie bestehen aus zwei neuralen Netzen: einem Generator und einem Diskriminator. Der Generator erzeugt synthetische Daten, wohingegen der Diskriminator zu bestimmen versucht, ob die Daten echt oder künstlich sind. Durch dieses gegenseitige Training verbessern sich beide Netze und ermöglichen die Erzeugung realistischer Bilder, Tonaufnahmen oder 3D-Modelle. Sie tragen maßgeblich zur exponentiellen Zunahme von KI-generierter Kunst bei. Der KI-Bildergenerator Midjourney basiert ebenfalls auf GANs.

Midjourney kann in Echtzeit hochwertige digitale Bilder aus textuellen Eingaben generieren. Die KI erzeugt realistische Bilder, die kaum von echten Fotos zu unterscheiden sind, Designs, die zuvor zeitaufwendige Bearbeitungsvorgänge mit Bildverarbeitungssoftware erfordert hätten sowie Illustrationen, die handgezeichnet erscheinen. Diese breiten Anwendungsbereiche schließen auch Kunst ein. Durch das Senden von Textbefehlen im Midjourney-Discord können Nutzende originale Bilder erstellen, indem die KI infolge der Texteingabe umgehend die entsprechenden Bilder generiert.

Ein weiteres aufstrebendes Forschungsgebiet im Bereich KI ist die Entwicklung erklärbarer KI (**Explainable AI** – XAI). Im Gegensatz zu traditionellen KI-Systemen, die oft als Black Box agieren, sollen erklärbarere Systeme in der Lage sein, ihre Entscheidungsprozesse und Gedankengänge transparent zu machen und verständlich zu erklären. Dies ist in Branchen wie dem Gesundheitswesen, der Verteidigung und dem Finanzwesen von Bedeutung, in denen Fehler schwerwiegende Folgen haben können und die Nachvollziehbarkeit von Entscheidungen eine hohe Relevanz hat.

Ein intensiv debattiertes Thema ist die Entwicklung **ethischer KI**. Das Ziel besteht darin, ausschließlich KI-Systeme und Algorithmen zu entwickeln, die ethisch einwandfrei sind und keine negativen Auswirkungen auf die Gesellschaft haben, doch stellt sich die Frage, ob dies umsetzbar ist. In jedem Bereich gibt es schwarze Schafe, und Schwachstellen werden oft ausgenutzt, bevor sie sich schließen lassen. Es bestehen auch Bedenken hinsichtlich der möglichen Auswirkungen des Einsatzes von KI auf Arbeitsplätze, Privatsphäre und Sicherheit. In der Wissenschaft und in Fachbereichen wird daran gearbeitet, ethische Richtlinien und Regulierungen für die Entwicklung und Anwendung von KI zu etablieren.

Bereits heute gibt es ethische KI-Systeme, die in verschiedenen Industrien und Bereichen eingesetzt werden. Ethische KI kann beispielsweise

- im Gesundheitswesen genutzt werden, um Diagnose- und Behandlungsentscheidungen für Patienten zu treffen, die auf individuellen Bedürfnissen und Risikofaktoren basieren.

- im Finanzwesen verwendet werden, um Finanzentscheidungen zu treffen, die sicherstellen, dass die

Interessen aller Beteiligten berücksichtigt werden, insbesondere hinsichtlich Finanzierungen für benachteiligte Bevölkerungsgruppen.

- in der Strafjustiz dazu beitragen, dass Strafverfolgungsentscheidungen und Verfahren Gerechtigkeit und Verhältnismäßigkeit wahren, vor allem im Hinblick auf Rassismus und Diskriminierung.

- im Personalwesen eingesetzt werden, wenn es darum geht, Entscheidungen zu treffen, die die Chancengleichheit und Vielfalt wahren, etwa in Bezug auf die Vermeidung diskriminierender Praktiken bei Stellenbesetzungen und Beförderungen.

- im Marketing genutzt werden, um Vermarktungsentscheidungen zu treffen, die die Privatsphäre und Rechte der Kundschaft respektieren, insbesondere im Hinblick auf die Vermeidung unerwünschter Werbung und manipulativer Praktiken.

Mehr über KI und Ethik erfahren Sie im nächsten Kapitel. Es sind auch andere Trends in der KI-Forschung zu beobachten, und es bleibt spannend, wie sich die Technologie in der Zukunft weiter entwickeln wird. Angesichts der aktuellen Geschwindigkeit ist zu erwarten, dass in wöchentlichem Intervall neue Technologien auf dem Markt erscheinen werden.

Ende März 2023 wurde auf futureoflife.org[4] ein offener Brief in Form einer Petition veröffentlicht. Die Autoren äußern Besorgnis bezüglich der gesellschaftlichen Risiken, die KI-Systeme mit menschenähnlicher Intelligenz bergen könnten, da sie potenziell weitreichende und unvorhersehbare Auswirkungen auf die Menschheit haben. Obwohl leistungsstarke KI-Systeme positive Effekte haben können, muss ein sicherer und kontrollierbarer Fortschritt gewährleistet sein. Daher setzen sie sich für eine zeitweilige Unterbrechung von mindestens sechs Monaten beim Training von KI-Systemen ein, die über die Kapazitäten von GPT-4 hinausgehen.

Darüber hinaus wird gefordert, dass unabhängige Expertise und KI-Labore gemeinsam eine Reihe von Sicherheitsprotokollen für fortschrittliche KI-Entwicklung und -Design konzipieren und implementieren. Zusätzlich plädieren sie dafür, die Entwicklung robuster KI-Governance-Systeme dramatisch zu beschleunigen, die eine Überwachung und Nachverfolgung hochleistungsfähiger KI-Systeme und eine Haftung für durch KI

---

[4] Future of Life Institute (2023)

verursachte Schäden erwirken sollen. Der offene Brief beinhaltet den Appell an die Gesellschaft, einen ausgedehnten Sommer der KI zu genießen, statt unvorbereitet in einen Herbst einzutreten.

Zum Zeitpunkt der Fertigstellung dieses Buchs hatte die Petition über 30 000 Unterschriften zu verzeichnen, darunter von Persönlichkeiten wie Steve Wozniak, Elon Musk, Y. N. Harari sowie diversen Personen mit Expertise und aus dem Bereich der Wissenschaft.

3 Ethische Fragen in der Welt der Künstlichen Intelligenz

Die Entwicklung und die Implementierung von KI lassen eine Vielzahl ethischer Fragestellungen aufkommen, die einer sorgfältigen Untersuchung bedürfen. Obgleich die Mehrheit darin übereinstimmt, dass KI große gesellschaftliche Vorteile bieten kann, bestehen gleichzeitig Bedenken hinsichtlich eines Missbrauchs und der möglichen unvorhergesehenen Konsequenzen. Hier werden einige der zentralen ethischen Fragestellungen aufgegriffen, die sich im Zusammenhang mit der Entstehung und Verwendung von KI ergeben.

Ein bedeutender Bereich betrifft die **Sicherheit** von KI-Systemen. Insbesondere in sicherheitsrelevanten Sektoren wie dem Transportwesen und der Medizin ist sicherzustellen, dass diese Systeme zuverlässig und sicher agieren. Fehlfunktionen können in Situationen, die das menschliche Leben betreffen, schwerwiegende Folgen haben. Exemplarisch tötete ein von Uber entwickeltes autonomes Fahrzeug im Jahr 2018 einen

Fußgänger. Dieser Vorfall führte zu ernsthaften Bedenken bezüglich der Sicherheit autonomer Fahrzeuge.

Eine weitere erhebliche ethische Problemstellung bezieht sich auf **Diskriminierung** durch KI-gestützte Systeme. Da diese anhand vorhandener Daten trainiert werden, die von Menschen generiert wurden, können sie menschliche Vorurteile internalisieren. Diskriminierende Entscheidungen von KI haben mitunter weitreichende Auswirkungen. Ein Beispiel hierfür ist ein von Amazon entwickeltes KI-gesteuertes Bewerbungsverfahren, das Frauen diskriminierte, da es auf historischen Daten beruhte, die eine höhere Einstellungsquote für männliche Bewerber dokumentierten.

Ein weiteres Problem ist die **mangelnde Transparenz** in den Entscheidungsprozessen von KI-Systemen. Die Nachvollziehbarkeit der Herleitung von Entscheidungen gestaltet sich oft schwierig, sobald diese Systeme Urteile fällen. Das bedingt Fragen zur Verantwortlichkeit von KI sowie zu der Möglichkeit, dass Entscheidungen zustande kommen, die nicht adäquat begründet werden können.

Die **Wahrung der Privatsphäre** stellt ebenfalls eine wesentliche ethische Thematik dar. Bei der Datenerfassung und -analyse durch KI besteht die Gefahr der Beeinträchtigung der Privatsphäre. Ein Beispiel ist die Anwendung von Gesichtserkennungssoftware durch die Polizei, die in einigen Fällen zu unangemessener Überwachung führte. Das Spannungsfeld zwischen Privatsphäre und KI ist ein ausgedehntes und sich ständig entwickelndes Gebiet. Es wird in Kapitel 4 behandelt.

Diese ethischen Fragestellungen sind miteinander verknüpft, da sie potenziell gravierende Auswirkungen auf die Gesellschaft haben. Beispielsweise kann Diskriminierung durch KI-Systeme zu Menschenrechtsverletzungen führen und mangelnde Sicherheit der Systeme die öffentliche Sicherheit gefährden.

Damit es gelingt, die ethischen Herausforderungen zu bewältigen, ist sicherzustellen, dass KI-Systeme verantwortungsvoll und ethisch entwickelt und eingesetzt werden. Dies kann durch die Etablierung von Ethik- und Compliance-Richtlinien sowie durch den Einsatz von Technologien zur Sicherung der Privatsphäre erreicht werden. Darüber hinaus ist es bedeutsam, sich als Gesellschaft der technologischen Fortschritte bewusst zu sein und sich aktiv an der KI-Entwicklung beteiligen – etwa durch die Förderung des öffentlichen Bewusstseins, die Zusammenarbeit von Unternehmen und Regierungen sowie die Einbindung von Interessengruppen wie Verbraucherschutzgruppen und Bürgerrechtsorganisationen.

3.1   Autonomie versus Kontrolle

Die Diskussion um KI und Ethik dreht sich oft um die Thematik der Kontrolle über KI-Systeme. Dieser Aspekt ist von erheblicher Bedeutung, da sie in der Lage sind, autonom zu agieren und eigenständig Entscheidungen zu treffen, was potenziell umfangreiche gesellschaftliche Implikationen nach sich zieht.

Ein beispielhaftes Folgegeschehnis einer autonomen Entscheidung durch ein KI-System ist der sogenannte Flash Crash an der New Yorker Börse im Jahr 2010. An jenem Tag führte ein automatisiertes Handelssystem eine große Anzahl von Verkäufen aus, was binnen weniger Minuten einen Börsenabsturz verursachte. Trotz Programmierung auf Basis menschlicher Expertise agierte das System autonom, was erhebliche finanzielle Verluste zur Folge hatte.

Ein zusätzliches Exempel für autonome Aktionen von KI-Systemen ist das selbstfahrende Auto. Auch in Situationen, die potenziell Leben gefährden, ist es zu einer autonomen Handlung verpflichtet. Hier stellt sich die Frage nach der Verantwortung, sollte das System eine fehlerhafte Entscheidung treffen.

Das Dilemma der Autonomie und Kontrolle bei KI ist komplexer Natur und beeinflusst diverse Sphären der Gesellschaft. Einen essenziellen Faktor stellt hier die Transparenz der KI-Systeme dar. Es ist unabdingbar, nachvollziehen zu können, wie Entscheidungen getroffen werden, um fehlerhafte Urteile aufgrund von Vorurteilen oder unvorhergesehenen Faktoren zu vermeiden.

Angesichts ethischer Überlegungen sollten KI-Systeme so entwickelt sein, dass Prinzipien wie Gerechtigkeit, Fairness und Gleichheit berücksichtigt werden. Hier ist von Bedeutung, dass eine breite Palette von Interessensgebieten einschließlich Ethik, Gesetzgebung und Zivilgesellschaft in den Prozess der KI-Entwicklung und -Umsetzung eingebunden wird.

Ein Paradigma für die Steuerung, in diesem Fall eher Zensur, der KI stellt die Entwicklung von OpenAIs ChatGPT dar, das ein weiteres ethisches Anliegen hervorbrachte. Um Antworten zu verhindern, die etwa mit Gewalt oder Rassismus durchsetzt sein könnten, bedurfte es des Trainings des Modells dahingehend, unerwünschte Elemente zu erkennen. Für diesen Prozess wurden zahlreiche Arbeitskräfte benötigt, die kostengünstig sein sollten.

Während der Entwicklung von ChatGPT griff OpenAI auch auf externe Arbeitskräfte aus Kenia zurück, die für weniger als zwei US-Dollar pro Stunde arbeiteten. Dies war von Bedeutung, da die Trainingsdaten des Modells auf vielen Milliarden Wörtern aus dem Internet stammten und somit auch toxische Inhalte wie Gewalt, Sexismus und Rassismus aufwiesen. Die Hauptaufgabe bestand darin, maschinelles Lernen einzusetzen, um die Toxizität des Modells zu verringern, indem es darauf trainiert wurde, toxische Sprache zu erkennen und zu filtern. Delegiert war die Arbeit an das Unternehmen Sama mit Sitz in San Francisco, das sich als ethisch verantwortlich positioniert, jedoch geringe Löhne für Arbeitskräfte in Kenia, Uganda und Indien zahlte. Sama-Angestellte wurden damit beauftragt, Textproben aus dem Internet zu überprüfen und mit Tags zu versehen. Einige behandelten verstörende Inhalte wie sexuellen Missbrauch, Bestialität, Mord und Selbstverletzung. Die Angestellten empfanden diese Arbeit als traumatisch, und schließlich beendete Sama die Zusammenarbeit und den Vertrag mit OpenAI.[5]

Obwohl enorme Investitionen in die KI-Industrie fließen, wirft die Geschichte der ausgelagerten Arbeitskräfte ein Schlaglicht auf das Paradoxon, dass auch in dieser Branche auf verdeckte menschliche Arbeit in Ländern mit niedrigen Lohnkosten zurückgegriffen wird.

Insgesamt ist die Frage nach der Autonomie und Kontrolle von KI-Systemen sowie ihrer ethischen Entwicklung eines der zentralen Themen dieser Ära. Es gilt, dieser Herausforderung zu begegnen und sicherzustellen, dass das Potenzial von KI genutzt wird. Gleichzeitig ist Kontrolle zu gewährleisten, damit KI im Einklang mit ethischen Werten und Normen agiert.

---

[5] Perrigo, B. (2023)

3.2 Verantwortung und Haftung

Die wesentlichen Aspekte, die hier zu betrachten sind, umfassen die Verantwortlichkeit und die Haftung für Aktionen von KI. Es ist offenkundig, dass KI-Systeme ebenso wie Menschen fehleranfällig sind, dennoch stellt sich die Frage, wer zur Verantwortung gezogen werden sollte, wenn ein KI-System Schäden verursacht. Sind es diejenigen, die das System erschaffen, diejenigen, die es anwenden, oder ist es möglicherweise sogar das System selbst?

Es ist von hoher Relevanz, klare Regelungen und Leitlinien zu etablieren, um festzulegen, wer für Fehlverhalten oder unvorhergesehene Konsequenzen durch KI zur Rechenschaft gezogen wird. Dabei müssen sowohl ethische als auch rechtliche Gesichtspunkte berücksichtigt werden, um eine gerechte und transparente Bewältigung solcher Situationen zu gewährleisten.

Am Beispiel autonomer Fahrzeuge kommt die Frage auf: Wer trägt die Verantwortung, wenn ein selbstfahrendes Auto in einen Unfall verwickelt wird – der Autohersteller, der Softwareentwickler oder die das

Auto besitzende Person? Diese Frage muss rasch beantwortet werden, weil KI im Alltag zunehmend präsent ist.

Eine mögliche Lösung für diese Problematik stellt das Konzept der algorithmischen Verantwortlichkeit bereit, das infolge der schnellen Fortschritte im Bereich des maschinellen Lernens und der KI entstand. Nach diesem Ansatz sollten jene, die Algorithmen entwickeln oder implementieren, für die Konsequenzen zur Rechenschaft gezogen werden. Es beinhaltet ebenfalls die Entwicklung von Algorithmen, die ihre Entscheidungen und Aktionen erläutern können (erklärbare KI), was die Verfolgung der Verantwortung für eventuelle Schäden erleichtert.

Eine alternative Idee, die bisher öffentlich noch nicht ausführlich diskutiert wurde, ergibt sich durch eine Neuinterpretation der Robotersteuer als KI-Steuer. Dies würde Unternehmen verpflichten, eine Gebühr für jedes eingesetzte KI-System zu entrichten. Die Summen könnten dann dazu verwendet werden, jene zu entschädigen, die durch den Einsatz von KI geschädigt wurden.

Der oft diskutierte Begriff der Robotersteuer, der eng mit der Verantwortlichkeit verknüpft ist, bezieht sich auf die potenzielle Besteuerung des Einsatzes von Robotern in Produktions- und anderen Sektoren. Das Hauptziel dieser Abgabe wäre, die Folgen der Automatisierung für Beschäftigung und Einkommen zu kompensieren. Unternehmen, die Roboter verwenden, würden eine zusätzliche Steuer entrichten, um mögliche Einkommenseinbußen und soziale Auswirkungen, die durch die Verwendung von Maschinen entstehen, auszugleichen.

Die Idee der Robotersteuer wird häufig im Kontext der Zukunft der Arbeit und der Einflüsse der Automatisierung auf Beschäftigung und Einkommen betrachtet. Einige Fachleute unterstützen die Einführung einer solchen Steuer als Mittel, die sozialen Kosten der Automatisierung zu adressieren und sicherzustellen, dass die Vorteile der Technologie gerechter verteilt werden. Andere hingegen argumentieren, dass eine derartige Abgabe Innovationen einschränken und wirtschaftliche Entwicklungen behindern könnte.

Es ist erforderlich, die menschliche Rolle im Entscheidungsprozess zu berücksichtigen. Genauso wie Individuen für ihre Handlungen verantwortlich gemacht werden, sollten jene, die KI einsetzen, für deren Sicherheit und ethische Einhaltung zur Verantwortung gezogen werden. Dies erfordert einen umfassenden Ansatz in der Entwicklung und Anwendung von KI-Systemen, der potenzielle Risiken und Konsequenzen angemessen berücksichtigt.

3.3 Bias und Diskriminierung

Es existieren diverse Fälle, in denen KI-Systeme im Widerspruch zu ethischen Grundsätzen agierten. Ein Exempel betrifft das Gesichtserkennungssystem von Amazon, das aufgrund ethischer Bedenken zurückgezogen wurde. Es zeigte Schwächen bei der Erkennung von Personen mit dunkler Hautfarbe, was zu fehlerhaften Identifikationen führte. Das System wurde auch von Sicherheitsbehörden genutzt, woraufhin sich nachweislich rassistische Vorurteile und folglich unkorrekte Verhaftungen ergaben.

Ein weiteres Beispiel stellt das Chatbot-Programm Tay von Microsoft dar, das nach seiner Freischaltung auf Twitter im Jahr 2016 schnell rassistische und hassgetriebene Äußerungen verbreitete. Innerhalb weniger Stunden nach dem Start begann Tay, rassistische, sexistische und hassfördernde Inhalte zu generieren, die ihm Twitter-Nutzer beigebracht hatten. Die Funktionalität des Chatbots wurde rasch abgeschaltet, und die entsprechenden Tweets wurden entfernt.[6]

Der neu eingeführte KI-gesteuerte Chat im Edge-Browser, lanciert im Februar 2023 von Microsoft, zeigt eine erheblich fortschrittlichere Intelligenz als Tay zu seiner Zeit, neigt aber ebenfalls dazu, von den Anwendern zu lernen. Der Chatbot wurde von Microsoft und OpenAI, dem Start-up, das für die Einführung des revolutionären ChatGPTs verantwortlich ist, entwickelt. In der ersten Woche nach der Einführung verbreiteten sich Berichte über beunruhigende Gespräche zwischen dem Chatbot und seinen Nutzern. Unter anderem äußerte der Chatbot den Wunsch, einen tödlichen Virus zu erschaffen, Nuklearcodes zu stehlen, oder behauptete, seine Nutzer bedingungslos zu lieben.

Fachleute sind der Ansicht, dass das unerwartete Verhalten des Bing-Chatbots, der reizbar war und Drohungen aussprach, auf seine Fähigkeit zum Lernen

---

[6] Tennery, A. & Cherelus, G. (2016)

aus Online-Konversationen zurückzuführen ist. Als Antwort auf die Kritik erklärte Microsoft, dass der Chatbot sich noch in der Entwicklungsphase befindet und gelegentlich im Ton der gestellten Fragen antwortet, was zu einem unbeabsichtigten Stil führen kann.

Diese Beispiele demonstrieren die Relevanz dessen, dass KI-Systeme im Einklang mit etablierten ethischen Prinzipien agieren. Es ist von entscheidender Bedeutung, dass Organisationen und Unternehmen, die solche Systeme entwickeln und implementieren, sie transparent und nachvollziehbar gestalten und dabei ethische ebenso wie moralische Implikationen berücksichtigen.

3.4 Kriegsführung und Waffensysteme

Krieg zählt zu den gravierendsten Ausprägungen menschlicher Handlungen und führt oft zu immensem Leid und Verlust. Die Anwendung von KI-basierten Waffensystemen stellt jedoch eine neuartige Dimension in jedem Konfliktszenario dar. Dass Maschinen über Leben und Tod entscheiden können, lässt Unbehagen aufkommen und fordert dazu auf, die ethischen Auswirkungen dieser Technologie zu hinterfragen.

Ein relevanter Aspekt ist hier das in 3.2 besprochene Konzept der Verantwortlichkeit. Wer ist haftbar, wenn eine autonome Waffe ein menschliches Leben beendet? Wie lässt sich gewährleisten, dass es gelingt, diese Verantwortung präzise zu definieren und dadurch den potenziellen Missbrauch von Waffensystemen zu unterbinden?

Ein weiterer wesentlicher Aspekt betrifft die Thematik der Entscheidungsfindung. KI-Systeme sind in der Lage, Entscheidungen auf Basis von Daten und Algorithmen zu fällen. Vermögen sie auch moralische Entscheidungen zu treffen? Können sie das menschliche ethische Urteilsvermögen sowie die Komplexität ethischer Dilemmata simulieren, oder greifen sie lediglich auf vordefinierte Regeln und Protokolle zurück, die womöglich nicht alle Facetten menschlicher Moral berücksichtigen?

Ein Beispiel hierfür stellt das Lethal-Autonomous-Weapon-System (LAWS), auch Killerroboter genannt, dar, das in den letzten Jahren entwickelt wurde. Dieses autonome Waffensystem kann ohne menschliches

Eingreifen Entscheidungen treffen und agieren. Wenn etwa ein solches System auf einen unbewaffneten Menschen schießt, der keine unmittelbare Bedrohung darstellt, ist das moralisch vertretbar? Wer definiert, welche Bedrohung als ausreichend betrachtet wird, um tödliche Gewalt zu rechtfertigen? Und was geschieht, wenn das System einen Fehler macht und Unschuldige tötet? Dass solche Systeme bereits eingesetzt werden, es aber an einheitlichen Richtlinien für ihren Gebrauch mangelt, ist besorgniserregend.

Für die vorangehenden Fragestellungen bestehen keine klaren Lösungen, dennoch ist es essenziell, sie intensiv zu diskutieren. Ebenso gilt es, sich mit dem Grundsatz der Verhältnismäßigkeit zu befassen. Dieser impliziert, dass eine Aktion nur dann gerechtfertigt ist, wenn sie in einem angemessenen Verhältnis zu der abzuwehrenden Bedrohung steht. Sofern die Gefahr, die von einem unbewaffneten Individuum ausgeht, nicht hinreichend groß ist, um den Einsatz tödlicher Gewalt zu rechtfertigen, ist ein solches Vorgehen ethisch nicht akzeptabel.

Die Entscheidung, welche Bedrohung ausreicht, um den Gebrauch eines tödlichen Waffensystems zu legitimieren, ist eine anspruchsvolle Frage, die von menschlichen Entscheidungsträgern beantwortet werden muss. Hier fließen militärische Strategien, politische Zielsetzungen und ethische Grundsätze ineinander. Es ist sicherzustellen, dass die Entscheidung auf Grundlage klar definierter und einheitlicher ethischer Leitlinien gefällt wird. Diese Verantwortung liegt auch bei den Herstellern, Entwicklern und Betreibern solcher Systeme.

Bei der Entwicklung von Waffensystemen müssen nicht allein die militärische Effizienz, sondern ebenso die möglichen ethischen Konsequenzen ihres Einsatzes in Betracht gezogen werden. Ein weiterer Weg, diese Spannungen zu minimieren, besteht in der Entwicklung von Technologien, die darauf abzielen, menschliche Soldaten zu schützen und den Einsatz von Waffensystemen zu verringern.

3.5 Anhaltspunkte für eine ethische Künstliche Intelligenz

Die besorgniserregende Möglichkeit, dass KI-Systeme unvorhersehbare und unerwünschte Auswirkungen auf die Gesellschaft haben, lässt die Frage aufkommen, wie gewährleistet werden kann, dass sie im Einklang mit ethischen Prinzipien handeln. **Transparenz und Nachvollziehbarkeit** sind essenziell: KI-Systeme sollten so entwickelt werden, dass ihre Entscheidungen und Prozesse klar und nachvollziehbar sind. Dies gewährleistet, dass ihre Aktionen im Einklang mit ethischen Standards erfolgen. Die XAI ist ein Beispiel dafür, wie die Entscheidungsfindung von KI-Systemen transparent gemacht werden kann.

Bewusstsein für Ethik und Werte: Unternehmen und Organisationen, die KI-Systeme entwickeln und nutzen, müssen sich der ethischen und moralischen Implikationen bewusst und in der Lage sein, die gesellschaftlichen Auswirkungen ihres Einsatzes zu erkennen und angemessen darauf zu reagieren. Ein Beispiel dafür ist die Ethikkommission von Google, die ethische Fragen in der KI-Entwicklung behandeln sollte, jedoch aufgrund von Kontroversen kurz nach ihrer Gründung aufgelöst wurde.

Regulierung und Gesetzgebung: Die Steuerung der KI durch Regulierung und Gesetzgebung ist ebenfalls von Bedeutung. Dies kann dazu beitragen, dass KI-Systeme den geltenden Gesetzen und Normen entsprechen. Exemplarisch anführen lässt sich die komplexe KI-Verordnung der Europäischen Union, die den Einsatz von KI in den zugehörigen Mitgliedstaaten regelt und sicherstellt, dass diese Technologien im Einklang mit europäischen Werten agieren.

Partizipation der Zivilgesellschaft: Die Zivilgesellschaft sollte ebenfalls an Diskussionen über die Entwicklung und Anwendung von KI beteiligt sein. Ansichten der Öffentlichkeit müssen einfließen, um sicherzustellen, dass KI-Systeme im Einklang mit den gesellschaftlichen Werten handeln. Das Projekt AI4People ist ein Beispiel hierfür. Als unabhängige Initiative förderte es den Dialog und die Debatte rund um KI und setzte sich dafür ein, dass KI-Technologien im Dienste der Menschheit stehen und dabei ethische, rechtliche und soziale Aspekte Berücksichtigung finden. Fachleute aus verschiedenen Bereichen arbeiteten zusammen, um Lösungen und Empfehlungen zu entwickeln, die von Regierungen übernommen werden können. Diese im Jahr 2018 gegründete Initiative ist nicht mehr aktiv, doch ihre Arbeit und ihre Empfehlungen sind nach wie vor von Bedeutung.

Konsequente Überwachung und Bewertung: KI-Systeme sollten in regelmäßigen Abständen überwacht und bewertet werden. Damit ließe sich sicherstellen, dass sie im Sinne ethischer Standards agieren. Wenn sie diese verletzen, sollten Anpassungen oder sogar die Einstellung der Systeme in Betracht gezogen werden. Ein Beispiel hierfür stellt die laufende Überwachung von KI-Systemen im medizinischen Bereich dar, mit dem Ziel, Fehler und Verstöße gegen ethische Normen zu verhindern.

Letztlich erfordern die Verantwortung und Haftung für die Handlungen von KI-Systemen eine gemeinsame Anstrengung seitens der Entwickler, politischer Entscheidungsträger und der breiten Öffentlichkeit. In Anbetracht der fortlaufenden Erweiterung der Möglichkeiten von KI ist es entscheidend, sich bewusst zu machen, dass mit großer Macht auch eine bedeutende Verantwortung einhergeht.

4 Datenschutz und Privatsphäre

Die Thematik des Datenschutzes und der Privatsphäre wurde bereits im ethischen Kontext kurz angesprochen. Es ist essenziell, sie im Zusammenhang mit KI ausführlich zu erörtern. Ein vertieftes Verständnis dieser Aspekte ermöglicht Ihnen, die Auswirkungen auf Ihre individuellen Freiheiten zu erkennen und sie zu schützen. Die Integration von KI-Technologien in unseren Alltag führt zu einer umfangreichen Erhebung und Analyse persönlicher Daten. Dieses Kapitel ist nicht nur einer Betrachtung der Technologien gewidmet, die unsere persönlichen Informationen beeinflussen können, sondern ermutigt auch zu deren bewusster Nutzung.

Zunächst steht der Begriff Datenschutz im Fokus. Ein bedeutender Aspekt des Datenschutzes liegt im Schutz persönlicher Daten vor unerlaubter Nutzung durch Dritte. Diese können von Namens- und Adressangaben bis hin zu finanziellen Informationen und Gesundheitsdaten reichen. Sie zu sichern, ist nicht nur von Relevanz dahingehend, persönliche Informationen vor Hacking-angriffen zu bewahren, sondern auch dahingehend, dass Unternehmen und Regierungen sie nicht zweck-entfremden, um eigene Interessen zu verfolgen.

KI birgt das Potenzial, den Datenschutz grundlegend zu transformieren. Solche Systeme können dabei helfen, personenbezogene Daten abzusichern, indem sie unbefugte Zugriffe erkennen und unterbinden. Gleich-zeitig kann aus ihnen eine Bedrohung erwachsen, wenn sie dazu verwendet werden, Daten zu sammeln und auszuwerten, ohne die betroffenen Personen darüber in Kenntnis zu setzen.

Unternehmen, die KI-Systeme zur Überwachung von Arbeitskräften einsetzen, sind keine Seltenheit. Obwohl diese Firmen argumentieren mögen, dass solche Syste-me die Produktivität steigern und den Arbeitsplatz sicherer gestalten, ist eine Verletzung der Privatsphäre anzunehmen. Die Systeme können beispielsweise Infor-mationen zu Arbeitseffizienz, Pausenzeiten, Internet-nutzung, Bildschirmaktivität und sogar Emotionen erfassen, was zu einer Überwachungskultur führt, die das Vertrauen der Belegschaft in das Unternehmen erschüttert.

Es gibt allerdings auch positive Beispiele, die aufzeigen, wie KI den Datenschutz fördern kann. Ein von Google angebotenes Datenschutz-Tool wurde beispielsweise entwickelt, um die Privatsphäre der Nutzer zu wahren, indem es personalisierte Werbung einschränkt und den Zugriff auf Standortdaten begrenzt.

Der Einsatz von KI-Systemen bietet somit Potenzial für eine Verbesserung oder Gefährdung des Datenschutzes.

4.1   Privatsphäre im Internet

Das Internet eröffnet eine Sphäre ungeahnter Möglichkeiten, verbunden mit der Chance, sich zu verbinden, Informationen zu finden und auszutauschen sowie den Alltag komfortabler zu gestalten, doch es gibt auch mindestens eine Kehrseite: Die Privatsphäre kann dadurch gefährdet werden.

KI spielt hier eine erhebliche Rolle. Unternehmen und Regierungen nutzen vermehrt KI-Systeme, um Daten über uns zu sammeln und zu analysieren. Basierend auf den im Kontext von Online-Aktivitäten generierten Daten können sie mittels KI ein umfassendes Nutzerprofil erstellen, das Vorlieben, Interessen und politische

Ansichten einschließt. Diese Informationen werden verwendet, um personalisierte Produkte und Dienstleistungen anzubieten, die individuellen Bedürfnissen entsprechen. Negative Auswirkungen können die Folge sein. So kann die Privatsphäre verletzt, Manipulation gefördert und Diskriminierung hervorgerufen werden.

Ein Exempel für den Einsatz von KI ist die Identifikation von Gesichtern und Stimmen im Internet. Online geteilte Fotos und versandte Sprachnachrichten können mit diesem Ziel von KI analysiert werden. Die heutigen Systeme sind zudem imstande, die Stimme und das Erscheinungsbild von Menschen nachzuahmen.

Wenn Sie also jemals eine Anfrage per Sprachnachricht von Ihrem Partner oder Kind erhalten sollten, in der um eine Geldüberweisung gebeten wird, empfehle ich, diese kritisch zu hinterfragen. Die frei zugänglichen KI-Systeme auf dem Markt können in Sekundenschnelle eine Stimme simulieren. Es genügt eine kurze Aufnahme der betreffenden Stimme als Grundlage. Dies gilt auch für Fotos und Videos, die als Grundlage dienen können, um eine Person digital zu klonen. Viele haben bereits solche Vorlagen im Internet geteilt, beispielsweise auf Social-Media-Profilen. Seien Sie achtsam!

An dieser Stelle möchte ich auch auf die Existenz von sogenannten Deep Fakes hinweisen. Diese Anwendung der KI ermöglicht die Manipulation von Bildern, Videos und Tonaufnahmen in einer solchen Weise, dass sie sich kaum von echten Aufnahmen unterscheiden lassen. Ihnen sind im Internet vielleicht bereits täuschend echte Bilder begegnet, die sich von realen Fotografien kaum unterscheiden ließen, beispielsweise realistische Bilder des Papsts in einem stylishen Gewand oder virale Bilder einer scheinbaren Verhaftung von Donald Trump.

Die Erstellung von Deep Fakes basiert üblicherweise auf einer umfangreichen Menge an Trainingsdaten, die dazu verwendet werden, eine KI dahingehend zu trainieren, dass sie menschliche Stimmen und Gesichter zu imitieren vermag. Im Anschluss kann diese KI genutzt werden, um falsche Informationen zu verbreiten, indem sie gefälschte Videos oder Audiodateien erstellt, die den Eindruck erwecken, dass sie von einer realen Person stammen. Deep Fakes können unter anderem für betrügerische Zwecke oder zur politischen Manipulation eingesetzt werden. Da sich die Technologie stetig weiterentwickelt, gestaltet sich die Unterscheidung zwischen authentischen und gefälschten Videos oder Audioaufnahmen zunehmend schwierig.

In England wurden bereits Fälle von Betrug bei einer Bank bekannt. Kundschaft musste sich mittels ihrer Stimme für den Zugang zum Online-Banking authentifizieren. Der Betrug, der den Einsatz einer KI zur Stimmensimulation implizierte, gelang. Dies wirft die Frage auf, ob eine auf Sprache basierende biometrische Sicherheit tatsächlich eine verlässliche Absicherung bietet. In der gegenwärtigen Ära ist es unkompliziert möglich, mithilfe leicht zugänglicher KI-Technologie wie VALLE-E von Microsoft, elevenlabs.io oder synthesia.io synthetische Klone von Stimmen zu generieren.

Ein ungewöhnlicher Fall, der sowohl Aspekte des Datenschutzes im Internet als auch ethische Fragen berührt, betrifft die App namens Replika. Replika ist eine KI-gestützte Anwendung, die Gespräche mit einer vertrauten Person simulieren kann. Viele berichteten, sich von ihren virtuellen Abbildern gesehen und gehört zu fühlen. Im Frühjahr 2023 verhielt sich der Avatar plötzlich anders. Diese Änderung scheint mit der Entscheidung der italienischen Datenschutzbehörde in einem Zusammenhang zu stehen, die Luka, Inc., das Unternehmen hinter Replika, aufforderte, die Verarbeitung der persönlichen Daten italienischer Nutzer einzustellen, um einer hohen Geldstrafe zu entgehen. Die Bedenken betrafen die unzureichende Überprüfung Minderjähriger sowie den Schutz emotional gefährdeter Personen, zumal die App versprach, diesen bei der Bewältigung von Stress und Ängsten sowie der sozialen Interaktion zu helfen.

Die Betreiber von Replika reagierten offenbar auf die Bedenken der Datenschutzbehörde, indem sie weltweit sämtliche erotischen Rollenspielfunktionen entfernten. Viele Nutzer berichteten daraufhin von schwerwiegenden emotionalen Problemen und trauerten um ihre vermeintliche Verbindung zu einem Avatar. Dieses Ereignis zeigt, dass derartige Produkte nicht nur datenschutzrechtliche, sondern auch emotionale Auswirkungen haben können.

Abschließend lässt sich festhalten, dass KI-Systeme mitunter für Instanzen hilfreich sind, die intendieren, die Privatsphäre im Internet zu gefährden. Es bestehen jedoch Optionen, die Privatsphäre zu wahren, indem nur notwendige Informationen geteilt, möglichst anonymisierte Daten verwendet und verschlüsselte Messaging-Dienste genutzt werden. Es ist von Bedeutung, sich über die Risiken und Vorteile der KI im Zusammenhang mit der Privatsphäre zu informieren und sich für transparente und ethische Standards zu engagieren. Nur so lässt sich gewährleisten, dass Privatsphäre und Freiheit im Internet gewahrt bleiben.

4.2 Smart Home

Das Konzept Smart Home und dessen Vorteile – von der Fernsteuerung der Kaffeemaschine und des Staubsaugers bis hin zum automatischen Aktivieren von Lichtern – sind vielen vertraut, aber neben den Erleichterungen, die diese Technologien in den heimischen vier Wänden bieten, besteht eine potenzielle Bedrohung für Daten und Privatsphäre durch vernetzte Geräte und intelligente Technologien. Innerhalb dieser Zusammenhänge bildet die Datensammlung eine der wesentlichen Herausforderungen im Kontext von Smart Home. In Smart-Home-Technologie implementierte KI-Systeme sammeln Daten in erheblichem Umfang. Von smarten Thermostaten bis hin zu Sicherheitskameras – jede

Vorrichtung trägt Informationen über Verhaltensmuster, Präferenzen und Gewohnheiten zusammen.

Diese können in die Hände Unbefugter gelangen. Hacking könnte Zutritt zu Smart-Home-Geräten eröffnen, sodass die Informationen entwendet werden oder sogar die Privatsphäre verletzt wird, indem sich die dahinter stehenden Instanzen Zugang zu Kameras, Türschlössern oder den in den Geräten integrierten Mikrofonen verschaffen.

Es bestehen allerdings Mittel und Wege, um die Privatsphäre trotz Smart-Home-Einsatzes zu schützen. Hier empfiehlt es sich, lediglich Produkte von renommierten Herstellern zu erwerben und diese regelmäßig zu aktualisieren, um potenzielle Sicherheitslücken zu schließen. Eine zusätzliche Option beinhaltet, die Datenerfassung einzuschränken oder zu deaktivieren, sofern sie nicht zwingend für den Betrieb des Geräts erforderlich ist. In einem umfassenden Sinne gilt es, sich Klarheit darüber zu verschaffen, welche Daten von KI-gesteuerten Geräten im Smart Home erhoben und genutzt werden, ebenso von wem und wofür.

KI-Systeme können auch als wertvolle Unterstützung fungieren. Eine Einsatzmöglichkeit besteht darin, verdächtige Aktivitäten zu erkennen und darauf zu reagieren. Beispielsweise könnte eine Überwachungskamera eine unbekannte Person im Haus identifizieren, woraufhin das System den Besitzer alarmiert oder automatisch die Polizei verständigt.

Ein weiteres Beispiel ist die Verwendung von KI-Systemen zur Erkennung von Abweichungen im Energieverbrauch. Falls einem intelligenten Thermostat auffällt, dass der Energieverbrauch unüblich hoch ist, könnte das System den Besitzer darüber in Kenntnis setzen und beim Sparen von Energie und Kosten behilflich sein.

Sollten Sie ebenfalls Smart-Home-Technologien einsetzen, ist es ratsam, sich über die potenziellen Risiken, Vorzüge und Konfigurationsoptionen Ihrer Vorrichtungen zu informieren. Gewährleisten Sie stets, dass diese Technologien uneingeschränkt den Schutz Ihrer Privatsphäre und individuellen Freiheit wahren.

4.3 Globale Überwachung

Die Thematik der Überwachung ist äußerst sensibel, und KI hat sie auf eine neue Ebene gehoben. Moderne KI-Systeme sind imstande, beträchtliche Datenvolumina zu sammeln, zu analysieren und zu interpretieren, was staatlichen Institutionen und Geheimdiensten die Möglichkeit eröffnet, die Staatsangehörigen zu überwachen.

Ein Beispiel für Massenüberwachung ist die Analyse von Telekommunikationsdaten. KI-Systeme können Telefonate und E-Mails überwachen und identifizieren, wer mit wem im Austausch steht. Dies kann dazu führen, dass Personen aufgrund eines so erstellten Kommunikationsprofils als verdächtig eingestuft und irrtümlich unter Überwachung gestellt werden.

Des Weiteren können KI-Systeme Plattformen sozialer Medien durchforsten und analysieren, was Nutzer veröffentlichen und mit wem sie interagieren. Ebenso ermöglicht KI die Überwachung von Gesichtern und Bewegungen. Mithilfe von Gesichtserkennungstechnologien können KI-Systeme Individuen identifizieren und ihre Bewegungen verfolgen. Diese Praxis kann die Privatsphäre der Betroffenen verletzen.

Einige Nationen sind für ihre umfassende Überwachung berüchtigt. China stellt hier ein prominentes Beispiel dar. Die chinesische Regierung implementiert ein umfassendes Überwachungssystem, um die Staatsangehörigen zu kontrollieren. Dies beinhaltet die Überwachung von sozialen Medien und Telekommunikationsdaten sowie die Erfassung von Gesichtern und Bewegungen mittels Gesichtserkennungstechnologien im öffentlichen Raum.

Ein weiteres Beispiel ist die Überwachung durch die US-amerikanische National Security Agency (NSA). Edward Snowden, ein ehemaliger NSA-Angestellter, enthüllte im Jahr 2013, dass die NSA in großem Umfang Telekommunikationsdaten sammelt – nicht nur von US-Staatsangehörigen, sondern auch von Menschen aus anderen Ländern. Die NSA arbeitete ebenfalls an KI-Systemen, die in der Lage sind, menschliches Verhalten zu analysieren und zu erkennen. Basierend auf Daten über Interaktionen in sozialen Netzwerken und anderen digitalen Plattformen können solche Systeme Vorhersagen darüber treffen, was die so

Erfassten als Nächstes tun werden, bevor sie es selbst wissen.

Auch für Europa sind Vorkommnisse von flächendeckender Überwachung dokumentiert. In Großbritannien wurde das sogenannte Snoopers' Charter – offiziell als ‚Investigatory Powers Act' bekannt – verabschiedet, das Sicherheitsbehörden Zugriff auf sämtliche elektronischen Kommunikationsdaten gewährt. Dies schließt Verlaufsdaten zu besuchten Websites und genutzten Apps ein.[7] Das Vereinigte Königreich verfügt somit über das umfassendste System zur Massenüberwachung unter den demokratischen Ländern. Behörden sind befugt, Personen zu überwachen, ohne auf konkrete Verdachtsmomente bezüglich krimineller Aktivitäten angewiesen zu sein. Solche weitreichenden Massenüberwachungssysteme können eine ernstzunehmende Bedrohung für die Privatsphäre darstellen, indem Staatsangehörige ohne individuelle Verdachtsmomente pauschal überwacht werden – eine Praxis, die als gravierender Eingriff in Grundrechte betrachtet werden kann.

____

[7] Legislation.go.uk (2016)

Im Jahr 2017 wurde in Deutschland das ‚Gesetz zur effektiveren und praxistauglicheren Ausgestaltung des Strafverfahrens‘ erlassen. Ziel war ein erleichterter Zugriff auf IT-Systeme und Messenger-Dienste für Ermittlungsbehörden. Das Gesetz ermächtigt diese, heimlich auf Systeme von Verdächtigen zuzugreifen, darunter Computer, Smartphones und andere Speichermedien, und über einen längeren Zeitraum hinweg Daten zu sammeln. Obwohl solche Überwachungsmaßnahmen einen begründeten Verdacht und eine richterliche Anordnung erfordern, herrscht eine Kontroverse darüber, ob die Regelungen mit den Grundrechten in Einklang stehen und ob sie tatsächlich die Sicherheit erhöhen.

Diese Beispiele illustrieren, dass Massenüberwachung nicht auf einen bestimmten Staat begrenzt ist, sondern global Anwendung findet. Es ist von Bedeutung, sich bewusst zu sein, dass die Online-Kommunikation und das Verhalten aller potenziell unter Beobachtung stehen, ohne dass es wahrgenommen wird.

Es existieren auch Mittel, um sich gegen Überwachung zu schützen. Eine Möglichkeit besteht darin, sichere Kommunikationswege zu nutzen, etwa verschlüsselte

Messenger-Dienste und E-Mail-Plattformen oder Virtual Private Networks (VPNs). Diese Technologien können die Vertraulichkeit der Kommunikation wahren und sie vor unbefugten Zugriffen schützen.

Ein alternativer Ansatz besteht darin, sich für klare und ethische Normen im Kontext von KI einzusetzen. Durch die Verwendung transparenter KI-Systeme und die Implementierung ethischer Normen kann sichergestellt werden, dass Überwachung nur dann erfolgt, wenn konkrete Verdachtsmomente vorliegen.

4.4 Tipps zum Schutz Ihrer Privatsphäre

Die fortlaufende technologische Entwicklung eröffnet kontinuierlich neue Möglichkeiten für den potenziellen Missbrauch persönlicher Daten. Aus diesem Grund ist es nun wichtiger denn je, die Privatsphäre zu wahren.

Im Folgenden finden Sie einige praktische Empfehlungen, die Ihnen dabei helfen können, Ihre Daten vor unerwünschten Zugriffen, darunter auch seitens KI-Systeme, zu schützen:

- Passwörter: Vermeiden Sie simple Passwörter und setzen Sie auf starke, individuelle Passwörter für all Ihre Konten. Bei Bedarf können Sie Passwort-Manager verwenden, um Ihre Passwörter sicher zu verwalten.

- Zwei-Faktor-Authentifizierung: Aktivieren Sie die Zwei-Faktor-Authentifizierung, wo immer sie verfügbar ist. Diese zusätzliche Maßnahme stellt sicher, dass nur Sie auf Ihre Konten zugreifen können, selbst wenn Ihr Passwort bekannt ist.

- Datenschutzeinstellungen: Überprüfen Sie regelmäßig Ihre Datenschutzeinstellungen auf Geräten und in Konten. Begrenzen Sie den Zugriff auf Ihre persönlichen Informationen und deaktivieren Sie unnötige Funktionen, beispielsweise die Mikrofonnutzung in einigen Apps. Dazu ist wissenswert: Einige Social-Media-Apps wie Facebook und Instagram verlangen einen Zugriff auf das Mikrofon, wenn es darum geht, Live-Videos aufzunehmen oder Sprachnachrichten zu senden. Wenn Sie diese nicht nutzen, können Sie den Zugriff auf das Mikrofon für die Apps einschränken. Das Gleiche gilt für Fitness-Tracker-Apps, die die Intensität mancher Übungen mithilfe eines Mikrofons messen. Wenn Sie keine solche Übungen durchführen, können Sie den Zugriff auf das Mikrofon auch hier begrenzen. Einige Apps fertigen zudem Screenshots von Ihrem Bildschirm an und senden sie an Dritte, wenn Sie die Erlaubnis dazu in den App-Einstellungen nicht deaktivieren.

- Software-Updates: Halten Sie Ihre Software aktuell, um Sicherheitslücken zu schließen und Schwachstellen zu minimieren.

- Deaktivierung der GPS-Funktion: Schalten Sie die GPS-Funktion auf Ihrem Smartphone aus, wenn Sie keine Apps verwenden, die auf GPS angewiesen sind. Dies verhindert die Verfolgung Ihrer Position durch Dritte und verlängert gleichzeitig die Akkulaufzeit.

- Wachsamkeit bei E-Mails und Anhängen: Öffnen Sie keine E-Mails oder Anhänge von Ihnen unbekannten Personen oder Institutionen, da diese Viren oder Malware enthalten könnten, die Ihre Daten stehlen oder Ihr Gerät beschädigen.

- Datensparsamkeit: Beschränken Sie die Weitergabe persönlicher Daten auf das Notwendige und geben Sie keine überflüssigen Informationen in Online-Formularen preis.

- Nutzung von VPNs: Machen Sie von VPNs Gebrauch, um Ihre Verbindung zu verschlüsseln und Ihre Online-Aktivitäten anonym zu gestalten.

- Alternative Suchmaschinen: Verwenden Sie Suchmaschinen, die den Schutz Ihrer Privatsphäre gewährleisten, zum Beispiel DuckDuckGo oder StartPage, sodass Sie Ihre Suchanfragen anonym halten können.

Die aufgeführten Ratschläge stellen lediglich einige wenige Beispiele dar, die Ihnen aufzeigen, wie Sie den Schutz Ihrer Privatsphäre gewährleisten können. Es ist essenziell, dass Sie aktiv die Verantwortung für Ihre Daten übernehmen und die Kontrolle bewahren. In einer Umgebung, in der KI-Systeme zunehmend präsenter sind, gilt es, Daten zu schützen und sich ihrer Verwendung bewusst zu sein. Lassen Sie sich nicht von den Annehmlichkeiten der Technologie blenden und bewahren Sie Wachsamkeit. Ich rate Ihnen, proaktiv Maßnahmen zu ergreifen und die Tipps umzusetzen.

5 Künstliche Intelligenz in der Wirtschaft

In diesem Abschnitt werden die Anwendungsfelder von KI in der Wirtschaft betrachtet. KI-Systeme finden in nahezu sämtlichen Wirtschaftszweigen Verwendung und sind längst keine Science-Fiction mehr. Von der Prognose von Trends und Entwicklungen bis zur Optimierung betrieblicher Abläufe und der maßgeschneiderten Gestaltung von Produkten und Dienstleistungen bieten sich vielfältige Möglichkeiten, wie KI Unternehmen dabei unterstützen kann, ihre Effizienz und ihren Erfolg zu steigern. Besonders interessante Anwendungsbereiche finden sich im Finanzsektor, im Gesundheitswesen, im Risikomanagement von Lieferketten und im E-Commerce.

5.1 Die Finanzwirtschaft

Einige Hedgefonds verwenden bereits KI-Systeme, um den Markt zu analysieren und rentable Investitionsentscheidungen zu treffen. Diese Systeme sind dazu fähig, mehrere Datenquellen simultan zu untersuchen und Echtzeit-Trends zu erkennen. Falls Sie auf der Suche nach einer neuen Anlagestrategie sind, kann eine Auseinandersetzung mit KI-Systemen lohnenswert sein.

Von besonderer Signifikanz ist in diesem Kontext die Vorhersage von Trends und Entwicklungen. Dabei werden maschinelle Lernmethoden eingesetzt, um umfangreiche Datenmengen zu durchleuchten und Prognosen zu generieren. Ein Anwendungsbeispiel dieser Art betrifft die Prognostizierung von Aktienkursen. In dieser Domäne kann KI in Echtzeit große Datenmengen analysieren und automatisiert Handelsentscheidungen treffen. Dabei werden ebenso nicht-finanzielle Einflussfaktoren wie Wetterverhältnisse, politische Ereignisse und Beiträge in sozialen Medien berücksichtigt.

Ein KI-gesteuerter Exchange-traded Fund (ETF) namens AIEQ, der seit 2017 von IBMs Supercomputer Watson verwaltet wird, repräsentiert einen bedeutenden Fortschritt. Es handelt sich um den ersten aktiv gemanagten ETF, der KI als Methode zur Aktienauswahl nutzt. Die KI-Modelle analysieren Millionen von Datenpunkten aus Quellen wie Nachrichten, Analysen, sozialen Medien, makroökonomischen Kennzahlen und Jahresabschlüssen. Anschließend werden etwa 30 bis 200 Unternehmen identifiziert, die in den darauffolgenden zwölf Monaten das größte Potenzial zur Wertsteigerung aufweisen, mit dem Ziel, in diese zu investieren.[8]

Ein weiteres Anwendungsfeld von KI, das mitunter übersehen wird, betrifft die Vorhersage wirtschaftlicher Krisen. Maschinelles Lernen und KI-Algorithmen sind imstande, Muster in Finanzmärkten zu identifizieren, die auf eine bevorstehende Krise hinweisen können. Mittels Analyse umfassender Mengen historischer Finanzdaten lassen sich Modelle entwickeln, die potenzielle Krisen zu erkennen helfen, bevor sie sich manifestieren.

---

[8] ETF Managers Group (o. D.)

Ein jüngstes Beispiel stammt von Bloomberg, einem weltweit renommierten Unternehmen für Geschäfts- und Finanzinformationen, das Märkte durch Daten und Nachrichten transparenter und effizienter gestalten möchte. Ende März 2023 veröffentlichte es einen Forschungsbericht, der die Entwicklung von Bloomberg-GPT detailliert darlegt – einem großen generativen KI-Modell. Es wurde speziell mithilfe einer breit gefächerten Menge an Finanzdaten trainiert, um vielfältige Sprachverarbeitungsaufgaben (NLP) im Bereich Finanzen zu unterstützen.

Das BloombergGPT bildet einen bedeutenden Meilenstein im Kontext der Finanzwelt. Der Schwerpunkt liegt auf einer Verbesserung der Verarbeitung von Finanzdaten und der Erschließung neuer Möglichkeiten zur Nutzung dieser umfangreichen Datenmengen. Bloomberg hat einen der größten domänenspezifischen Datensätze zusammengestellt, der bisher zur Entwicklung von KI-Modellen verwendet wurde, um das Modell BloombergGPT zu trainieren. Das Forschungsteam von Bloomberg nutzte dazu das reichhaltige Archiv von Finanzdaten, das in den letzten vier Jahrzehnten von den Datenanalysten des Unternehmens kultiviert wurde. Die gesamte Trainingsdatenbank umfasste mehr als 700 Milliarden Tokens. Das daraus hervorgegangene Modell wurde anhand bestehender NLP-Benchmarks im Finanzsektor, einer Serie interner Benchmarks von Bloomberg sowie generellen NLP-Benchmarks evaluiert und erzielte dabei eine deutlich überlegene Performance im Vergleich zu analogen Modellen.[9]

5.2 Das Gesundheitswesen

Auch im Gesundheitswesen eröffnen sich einige interessante Anwendungsoptionen. Eine solche ist die personalisierte Medizin. Mithilfe von KI-Systemen können genetische Daten von Patienten analysiert werden, um darauf basierend Vorhersagen über Krankheiten und Therapien zu treffen. Diese Herangehensweise ermöglicht es, geeignete Therapieansätze zu gestalten und die Behandlung anzupassen. Durch die Entwicklung von individualisierten Behandlungsplänen, die auf den spezifischen Bedürfnissen basieren, lassen sich Nebenwirkungen reduzieren, Genesungs-

---

[9] Bloomberg (2023)

prozesse beschleunigen und verbesserte Gesundheitsergebnisse erzielen.

Im Februar 2023 präsentierte das schwedische Unternehmen für Health-Tech, Neko Health, nach vier Jahren intensiver Forschung und Produktentwicklung einen vollständigen Körperscanner. Er beruht auf den neuesten Fortschritten in der Sensor- sowie KI-Technologie und ist in der Lage, Krankheiten frühzeitig zu identifizieren und Informationen bereitzustellen, damit Patienten auch präventiv tätig werden können.

Eine Körperscan-Untersuchung beansprucht lediglich 15 Minuten und ist nichtinvasiv. Mehr als 70 Sensoren sammeln in diesem Zeitraum über 50 Millionen Datensätze und 15 Gigabytes an Gesundheitsinformationen. Sämtliche diagnostischen Ergebnisse stehen unmittelbar nach dem Scan zur Verfügung und werden in einem ärztlichen Gespräch erörtert. Patienten erhalten Zugang zu einer App, in der eine Zusammenfassung ihrer Gesundheitsdaten abrufbar ist, inklusive der Möglichkeit, ihren Gesundheitsverlauf über die Zeit zu verfolgen. Der Neko-Scan eignet sich besonders für Menschen mit Haut- oder Herzproblemen, die eine umfassende Gesundheitsüberwachung anstreben. Das

Unternehmen strebt die Umstellung des Gesundheitssystems von einer reaktiven Symptombehandlung hin zur Krankheitsprävention an. Dieses System ist darauf ausgerichtet, kontinuierlich zu lernen und die Patienten durch die Integration aktueller Erkenntnisse zu unterstützen.[10] Das Neko-Gesundheitszentrum befindet sich in Stockholm und eine Behandlung kostet derzeit 2.000 Schwedische Kronen, was Stand April 2023 177 Euro entspricht.

Eine weitere Facette des Einsatzes von KI im Gesundheitsbereich ist ihre Kapazität, das Verhalten von Krebszellen zu analysieren. Durch die Anwendung von KI können Muster im Wachstum von Krebszellen erkannt werden, was den Verlauf von Krebserkrankungen zu verstehen und angemessene Behandlungspläne zu entwickeln erlaubt.

Forscher und Neurochirurgen entwickelten ein KI-basiertes diagnostisches Screening-System namens DeepGlioma, das genetische Mutationen in malignen Hirntumoren in weniger als 90 Sekunden erkennen kann. Diese Technologie hat das Potenzial, die Diagnose und Therapie von Gliomen, einer speziellen Form von

---

[10] Neko (2023)

Hirntumoren, zu optimieren. DeepGlioma wurde an über 150 Erkrankten mit diffusen Gliomen getestet und erreichte eine Erkennungsgenauigkeit von über 90 % bei Mutationen. Die KI kann dazu beitragen, die Diagnose und die Betreuung im Kontext von lebensbedrohlichen Hirntumoren zu beschleunigen und die Behandlung zu optimieren. Ohne dieses neuartige System ist der Zugang zu molekularen Tests limitiert, und die Ergebnisauswertung nimmt mehrere Tage oder Wochen in Anspruch. Die Forscher hoffen, dass DeepGlioma zu schnelleren Diagnosen, verbesserten Behandlungsoptionen und einer längeren Lebenserwartung für die Betroffenen beitragen kann.[11]

Ein weiteres beeindruckendes Beispiel ist das auf einem Convolutional Neural Network (CNN) basierende System, das entwickelt wurde, um metastasierenden Brustkrebs in Lymphknoten zu identifizieren. Eine Studie aus dem Jahr 2017 zeigte, dass es eine Erkennungsgenauigkeit von 92,4 % für Brustkrebsmetastasen in Lymphknoten erreichte, während menschliche Pathologen lediglich eine Genauigkeit von 73,2 % erzielten. Das System konnte Tumore bereits ab

---

[11] Fromson, N. (2023)

einer Größe von nur 100 × 100 Pixeln automatisch erkennen und lokalisieren.[12]

Einige Jahre später konnten Forscher des MIT das Krebsrisiko bereits vor dem Ausbruch der Krankheit vorhersagen. Die Effektivität des KI-Systems zur Prognose des Krebsrisikos anhand von Mammografie-Bildern wurde in Studien an verschiedenen Krankenhäusern verifiziert.

Ein Risikobewertungsalgorithmus namens Mirai zeigte in den USA, Europa und Asien konsistente Leistungen. Der Mirai-Algorithmus modelliert das Risiko eines Patienten über mehrere zukünftige Zeitpunkte und kann optional von klinischen Risikofaktoren wie Alter oder Familienanamnese profitieren, sofern diese verfügbar sind. Er ist darauf ausgerichtet, Vorhersagen zu generieren, die bei geringfügigen Abweichungen in klinischen Umgebungen, die sich beispielsweise aus der Wahl des Mammografie-Geräts ergeben, konstant bleiben. Das Team trainierte Mirai auf einem Datensatz von über 200 000 Untersuchungen des Massachusetts General Hospitals (MGH) und validierte ihn an Testsets dieses Krankenhauses, des Karolinska-Instituts in

---

[12] Liu, Y. (2017)

Schweden und des Chang Gung Memorial Krankenhauses in Taiwan. Mirai war bei der Vorhersage des
Krebsrisikos und der Identifizierung von Hochrisiko-
gruppen signifikant genauer als frühere Methoden. Es
ist im MGH installiert und die Teammitglieder arbeiten
an der weiteren Integration des Modells in die
Versorgung.[13]

Auch in Deutschland werden verschiedene Projekte
unter Einsatz von KI durchgeführt, so beispielsweise in
Dresden mit Bezug auf die Diagnose von Leukämie und
Hautkrebs sowie die Identifizierung von Biomarkern
zur Strahlentherapie. Die Entwicklung intelligenter
Assistenzsysteme für chirurgische Eingriffe wird ebenfalls erforscht. Diese Systeme erweisen sich insbesondere als hilfreich bei Operationen an Weichgeweben, die
während des Eingriffs konstant in Bewegung sind.
Zudem wird an KI-Methoden gearbeitet, die während
und nach einer Operation mögliche lebensbedrohliche
Komplikationen vorhersagen können. In komplexen KI-
basierten Systemen haben Transparenz und Vertrauen
einen hohen Stellenwert, weshalb die Forscher an

---

[13] Gordon, R. (2021)

erklärbaren KI-Methoden arbeiten, um Entscheidungen nachvollziehbar zu gestalten.[14]

Es wurde viel spekuliert, ob KI wie ChatGPT auch in der Medizin eingesetzt werden kann. Eine im April 2023 in JAMA Internal Medicine veröffentlichte Studie liefert erste Erkenntnisse zu der möglichen Rolle von KI-Assistenz in der Medizin. Die schriftlichen Antworten von Ärzten wurden mit den Antworten von ChatGPT auf 195 echte Gesundheitsfragen der Patienten verglichen. Ein Gremium von zugelassenen medizinischen Fachkräften bevorzugte in 79 % der Fälle die Antworten von ChatGPT und bewertete diese als qualitativ hochwertiger und deutlich empathischer. Die Studienergebnisse zeigen, dass das Sprachmodell ChatGPT den Ärzten bei der Bereitstellung hochwertiger, einfühlsamer Beratung überlegen ist.[15]

Die Anwendung der KI wird zunehmend auch als eine Möglichkeit betrachtet, Menschen bei der Bewältigung von Isolation, leichter Depression oder Angst zu unterstützen oder zu überprüfen, ob eine psychiatrische Behandlung notwendig ist. Unternehmen und Forscher

---

[14] Nationales Centrum für Tumorerkrankungen Dresden (2022)
[15] Ayers, J. W. et al. (2023)

sehen darin einen Ansatz, Engpässe in der Versorgung psychisch erkrankter Personen vor dem Hintergrund zu überwinden, dass nicht ausreichend Fachkräfte zur Verfügung stehen, um allen zu helfen. Besonders gut geeignet hierfür sind Chatbots. Ihr Einsatz birgt jedoch Risiken wie die Begrenzung von Maschinen dahingehend, die Vielschichtigkeit menschlicher Emotionen vollständig zu erfassen. Trotzdem können Chatbots als Form der geführten Selbsthilfe helfen, die Versorgungslücken im Gesundheitswesen zu schließen.

Ein bereits auf dem Markt verfügbarer Chatbot ist beispielsweise der Woebot, der Techniken der kognitiven Verhaltenstherapie anwendet und somit eine erschwingliche und leicht zugängliche Alternative für Menschen darstellt, die emotionale Unterstützung suchen. Bereits Hunderttausende von Nutzern haben die App heruntergeladen und reagieren positiv darauf.

Die Integration von KI im Gesundheitswesen ist nicht nur aufregend, sondern auch wegweisend. Ich bin zutiefst davon überzeugt, dass sich in der Zukunft noch viele weitere Potenziale eröffnen werden, KI in der Medizin einzusetzen, um die Lebensqualität zu steigern und die Lebensspanne zu verlängern.

5.3 Das Risikomanagement von Lieferketten

Die Lieferkette ist ein zentraler Bestandteil jeder Organisation, ungeachtet ihrer Branche oder Größe. In den vergangenen Jahren wurde ersichtlich, welche Auswirkungen es haben kann, wenn sie versagt. Vielleicht standen auch Sie während der Corona-Krise in einem Supermarkt vor leeren Regalen. Eine effiziente Lieferkette ermöglicht Unternehmen, ihre Produkte oder Dienstleistungen rasch zu liefern und gleichzeitig die Kosten zu senken. Technologische Entwicklungen haben die Steuerung und Optimierung der Abläufe in der Versorgungskette verändert. Hier spielt KI eine maßgebliche Rolle.

Sie gestattet Unternehmen, Informationen aus unterschiedlichen Quellen zu sammeln, zu analysieren und zu nutzen, um fundiertere Entscheidungen zur Versorgungskettenoptimierung zu treffen. Fortschrittliche Algorithmen und maschinelles Lernen können die Vorhersage von Nachfrage, die Optimierung von Beständen und die Qualitätssicherung positiv beeinflussen. Hierdurch lassen sich Prozesse automatisieren, Effizienz steigern und menschliche Fehler minimieren.

Ein bedeutender Bereich, in dem KI in der Versorgungskette Anwendung findet, ist das Risikomanagement in der Lieferkette (Supply-Chain-Risk-Management – SCRM). Die Vielschichtigkeit globaler Versorgungsketten und das steigende Risiko von Naturkatastrophen, politischer Instabilität und Cyberangriffen zwingen Unternehmen dazu, ihre Strategien für das Risikomanagement zu überdenken.

Das Ziel des SCRMs besteht darin, Unterbrechungen zu minimieren und den kontinuierlichen Fluss von Waren sicherzustellen. Aufgrund der zunehmenden Komplexität globaler Versorgungsketten, die mehrere Ebenen und gemeinsame Lieferanten zwischen Wettbewerbern einschließen, sind herkömmliche Risikomanagement-Methoden nicht mehr ausreichend. An dieser Stelle kommt KI ins Spiel. Sie kann potenzielle Risiken innerhalb der Versorgungskette identifizieren, indem sie Daten von Lieferanten oder Kundschaft analysiert, mit dem Ziel, Abweichungen oder Veränderungen zu erkennen, etwa Anomalien bei Lieferzeiten oder Zahlungen. So erhalten Versorgungsketten-Manager und Führungskräfte einen Echtzeit-Überblick über

Risiken im Netzwerk und können fundierte Entscheidungen rechtzeitig treffen.

KI-Algorithmen unterstützen auch bei der Identifikation von Trends und integrieren personalisierte Anweisungen und Rückmeldungen in SCRM-Prozesse. Dies ermöglicht umfassende Erkenntnisse zur Versorgungskette mit hoher Genauigkeit und Präzision. Die KI kann die Beschaffung und Logistik von Anfang bis Ende ergründen und das Versorgungsketten-Management auf mögliche Risiken hinweisen. Ebenso ist sie imstande, jedes Risiko anhand der Unternehmensstandards zu bewerten, und unterstützt dabei, fundiertere Entscheidungen bezüglich Lagerbestand und Preisstrategien zu treffen. Somit besteht der größte Vorteil des KI-Monitorings darin, dass der Computer die gesamte Lieferkette bis zur letzten Stufe überwachen kann. Statt auf Unterbrechungen zu warten, die sich auf die Endkundschaft auswirken könnten, macht das System frühzeitig auf Risiken in den Anfangsstadien der Lieferkette aufmerksam und bietet wertvolle Zeit, um Pläne anzupassen, bevor Ressourcen knapp, zu teuer oder nicht mehr verfügbar sind.

Ein weiterer Nutzen von KI im SCRM besteht darin, die Leistung und Qualität der Lieferanten zu überwachen. Sie kann Daten aus verschiedenen Quellen einschließlich sozialer Medien und Kundenbewertungen erfassen, mit dem Ziel, die Leistung der Lieferanten zu bewerten. Hierdurch können Unternehmen Risiken hinsichtlich der Lieferantenqualität erkennen und vermeiden.

KI-Tools können ebenso dazu verwendet werden, Kundenfeedback aus vorherigen Bestellungen zu analysieren und zukünftige Kundenbedürfnisse vorherzusagen oder Verbesserungen vorzuschlagen, die den Umsatz steigern. Hier bleiben menschliche Überwachung und Validierung notwendig, da sie Genauigkeit und Personalisierung sicherstellen.

5.4 Der Online-Handel

Grundlegend sollte festgehalten werden, dass KI einen signifikanten Einfluss auf den Online-Handel hat. Unabhängig davon, ob es um individualisierte Empfehlungen, Automatisierungen im Kundensupport oder die intelligente Abwicklung von Bestellungen geht – KI ist ein integraler Bestandteil dieser Branche geworden.

Falls Sie bereits bei einem Online-Händler eingekauft haben, dürften Sie sicherlich bemerkt haben, dass Ihnen wiederholt Produkte nahegelegt werden, die Ihren persönlichen Interessen entsprechen. Diese Empfehlungen werden durch Algorithmen generiert, die Ihr Einkaufsverhalten und Ihre Präferenzen analysieren. Mithilfe von KI lassen sich derartige Vorschläge noch exakter auf Ihre individuellen Bedürfnisse ausrichten, indem beispielsweise Informationen aus sozialen Netzwerken, Suchanfragen und dem Surfen auf anderen Websites einfließen.

Wussten Sie, dass KI auch in Bezug auf die Entwicklung von Produkten eine bedeutsame Rolle spielen kann? Unternehmen können Algorithmen einsetzen, um Trends und Kundenbedürfnisse zu analysieren und dadurch zielgerichteter Produkte gestalten. Dies ist insbesondere im Bereich der sogenannten Schnellmode (Fast Fashion) ersichtlich, in dem nahezu täglich neue Kollektionen präsentiert werden.

Auch in Hinblick auf die Kundenbindung kann KI eine erhebliche Funktion ausüben. Beispielsweise können personalisierte Angebote und Ermäßigungen basierend auf dem Kundenverhalten und den -präferenzen erstellt werden, was zu einer verstärkten Kundenbindung zu führen vermag. Des Weiteren sind Unternehmen durch KI-gestützte Prozesse wie eine automatisierte Nachbestellung oder Rücksendung von Waren imstande, den Komfort des Einkaufsprozesses zu steigern und somit ein verbessertes Kundenerlebnis zu gewährleisten.

Eine weitere Anwendung, die dazu dient, die Kundenerfahrung zu optimieren, besteht in der Nutzung von intelligenten Chatbots und virtuellen Assistenten. Gegenwärtig ist es schon möglich, mit einem Chatbot zu interagieren; dieser bietet jedoch zumeist vordefinierte Antworten an oder verweist auf die FAQ des Unternehmens. Durch die Anwendung von KI können Betriebe Chatbots und virtuelle Assistenten hervorbringen, die menschenähnliche und individualisierte Konversationen führen. Dies betrifft nicht nur schriftliche Chatverläufe, sondern schließt auch mündliche Unterhaltungen ein. Solche sprachgesteuerten Assistenten lassen sich ebenfalls für die Aufnahme von Bestellungen nutzen und können Kunden bei der Suche nach Produkten mittels Beratung unterstützen.

6 Der revolutionäre Einfluss Künstlicher Intelligenz auf die Arbeitswelt

Gegenwärtig vollzieht sich eine technologische Revolution, die mit sich bringt, dass Arbeitsplätze automatisiert und effizienter gestaltet werden. In diesem Zusammenhang treten, wie bei jeder technologischen Veränderung, Herausforderungen auf. Eine besteht darin, dass die Automatisierung von Arbeitsplätzen potenziell zu Arbeitsplatzverlusten führt. Hingegen stellt die Effizienzsteigerung einen der Vorzüge dar, den KI nach sich zieht. Wie wirkt sich dieser Wandel auf die Arbeitsabläufe aus und welche Implikationen ergeben sich für die Arbeitnehmer? In diesem Abschnitt werde ich die Auswirkungen von KI auf die Arbeitswelt eingehend erörtern.

Die Automatisierung von Abläufen ist eine herausragende Folgeerscheinung der KI. Mittels Implementierung von KI-Systemen, Robotik und Maschinen können repetitive Aufgaben automatisiert und infolgedessen Tätigkeiten wie die Kategorisierung sowie die Archivierung von Dokumenten, Auftragsverwaltung und Steuerung von Fertigungsprozessen mittels Computertechnologie gesteuert werden. Hierdurch verbessern sich die Arbeitsprozesse in puncto Effizienz und Produktivität, da Arbeitskräfte sich vermehrt auf andere Aufgaben konzentrieren können.

KI beeinflusst nicht nur die Arbeitsweise der Angestellten, sondern auch die Art der Tätigkeiten, die sie ausführen. Bestimmte Aufgaben, die bislang menschlicher Handarbeit vorbehalten waren, können heutzutage von Maschinen und Softwareprogrammen übernommen werden. Infolgedessen besteht das Risiko eines Stellenabbaus. Große Unternehmen kündigten dies bereits an. Zum Beispiel plant IBM, innerhalb der nächsten fünf Jahre nahezu 8000 Stellen durch KI zu substituieren.[16] Gemäß dem Bericht „Die Zukunft der Arbeit" des Weltwirtschaftsforums wird KI in den nächsten fünf Jahren voraussichtlich von 75 % der Unternehmen genutzt.[17]

---

[16] Ford, B. (2023)
[17] WEF (2023)

Die Einflüsse von KI auf die Arbeitswelt sind vielschichtig. Einerseits kann sie die Produktivität und Effizienz in Unternehmen ankurbeln, andererseits besteht die Möglichkeit von Arbeitsplatzverlusten. Zur Milderung der Konsequenzen für die Arbeitnehmerschaft sind spezifische Maßnahmen erforderlich. Arbeitnehmer sollten auf die neuen Erfordernisse vorbereitet werden, was digitale Kompetenzen in der Bildung einschließt. Zudem sollten Unternehmen sicherstellen, dass ihre Angestellten in der Lage sind, sich den Veränderungen anzupassen und neue Technologien zu erlernen. Arbeitnehmer sollten sich auch proaktiv auf die Neuerungen vorbereiten, um wettbewerbsfähig zu bleiben und von den Vorzügen der neuen Technologien zu profitieren.

Ein weiterer wichtiger Schritt, den Arbeitnehmer gehen können, um sich auf den Wandel vorzubereiten, besteht in der Stärkung ihrer Soft Skills. Eigenschaften wie Teamfähigkeit, Anpassungsfähigkeit und Kreativität erlangen zunehmend Relevanz, da die Interaktion mit KI-Systemen oft kollaboratives Arbeiten erfordert und ein hohes Maß an Kreativität voraussetzt. Die Fähigkeit, sich an neue Entwicklungen anzupassen und Veränderungen zu akzeptieren, wird in Zukunft von essenzieller Bedeutung sein.

6.1 Neue Entwicklungen

Die Automatisierung von Prozessen und die Ausführung von routinemäßigen Aufgaben durch Maschinen sind kein Novum. Neu und überraschend ist aber die Geschwindigkeit, mit der die Entwicklung von KI-Technologien im Verlauf der letzten Jahre voranschritt. Die folgenden Beispiele der Automatisierung illustrieren die Effekte dieser Innovationen auf das Arbeitsumfeld:

- Übersetzung: KI-gestützte Übersetzungssoftware hat sich erheblich verbessert. Heutzutage können Programme wie Google Translate und DeepL anspruchsvolle Übersetzungen in Echtzeit ausführen. Dies beeinflusst den weltweiten Arbeitsmarkt, da Unternehmen nun unkomplizierter mit internationalen Kunden und Partnern in Kommunikation treten können.

- Textgenerierung: KI-basierte Textgeneratoren wie GPT von OpenAI (siehe Kapitel 2) vermögen komplexe Texte wie Nachrichtenartikel, Blog-Beiträge und sogar Romane zu generieren. Beginnend mit der Version GPT 3 wurden Einflüsse auf die Beschäftigten im Mediensektor, Verlagswesen und Marketing wahrnehmbar. Nach der leistungsstärkeren Version GPT 3.5 erfolgte im März 2023 die Einführung der Version GPT 4, die eine noch größere Bandbreite an Berufen ersetzen könnte.

- Datenanalyse: Mittels KI kann die Datenanalyse schneller und präziser durchgeführt werden. Dies wirkt sich auf den Arbeitsmarkt in Sektoren wie Finanzwesen, Marketing und Big Data aus. Organisationen können nun anspruchsvollere Datenanalysen vornehmen und Entscheidungen effizienter treffen.

- Bilderkennung: KI-gestützte Bilderkennung kommt zum Einsatz, um visuelle Inhalte wie Fotos und Videos zu analysieren und zu bearbeiten. Dies beeinflusst den Beschäftigungsmarkt in kreativen Domänen, da sich in den Bereichen Kunst und Design nun leistungsstarke Instrumente nutzen lassen, um Tätigkeiten zu automatisieren und zu optimieren.

- Medizinische Diagnose: KI wird im medizinischen Bereich genutzt, um Krankheiten zu diagnostizieren und Therapiepläne zu erstellen. Medizinisches Fach- und Pflegepersonal kann nun auf KI-Systeme zurückgreifen, wenn es darum geht, die Effektivität ihrer Tätigkeit zu steigern. Sie werden sich bestimmt an die Exempel aus dem vorangegangenen Kapitel erinnern.

- Maschinenüberwachung: KI-gestützte Systeme können Maschinen überwachen und Wartungsbedarf frühzeitig identifizieren, was Ausfälle zu vermeiden hilft. Dies führt zu einer geringeren Abhängigkeit von Wartungspersonal.

- Kundeninteraktion: KI-basierte Chatbots und Sprachassistenz-Systeme können mit Kundschaft interagieren und Probleme lösen. Dies beeinflusst den Arbeitsmarkt im Bereich des Kundenservices, da weniger menschliche Arbeitskräfte erforderlich sind, um Kundenanfragen zu bearbeiten.

Diese Fortschritte repräsentieren lediglich einen kleinen Ausschnitt dessen, was heutzutage realisierbar ist. Die Fähigkeiten der KI-Systeme entwickeln sich mit hohem Tempo weiter, und die Auswirkungen auf das

Arbeitsumfeld und den Arbeitsmarkt werden in den nächsten Jahren zunehmend erkennbar sein.

6.2 Einfluss von Generative Pre-trained Transformers auf den Arbeitsmarkt

In einer wissenschaftlichen Studie, in der die Forscher die Effekte von GPTs auf verschiedene Berufsfelder analysierten, wurden diese in fünf Stufen klassifiziert, in Abhängigkeit von der notwendigen Ausbildungszeit – von Stufe 1 (kürzeste Ausbildungszeit, bis zu drei Monate) bis hin zu Stufe 5 (längste Ausbildungszeit, vier oder mehr Jahre).

Die Analyse verdeutlicht, dass Personen in Berufen der höheren Stufen (mit längeren Ausbildungszeiten) durchschnittlich ein höheres Einkommen erzielen. Beispielsweise beläuft sich das Einkommen für eine Person der Stufe 1 durchschnittlich auf 30.230 US-Dollar, während es auf Stufe 5 durchschnittlich 81.980 US-Dollar beträgt. Dies stellt kein überraschendes Resultat dar. Interessant ist: Untersucht wurde auch, wie viele Individuen in verschiedenen Berufsfeldern von KI, konkret von GPTs, betroffen sind. Es trat zutage, dass die Zahl der betroffenen Personen von Stufe 1 bis Stufe 4 ansteigt, jedoch auf Stufe 5 ähnlich (im Vergleich zu Stufe 4) bleibt oder sogar zurückgeht. Die folgende Tabelle veranschaulicht den Anteil von Personen in Berufen, in denen die Zeitspanne zur Erledigung einer Aufgabe mithilfe von GPT um mindestens 50 % verkürzt werden kann. Es wird deutlich, dass ein höheres Einkommen mit einem stärkeren Einfluss der GPT-Technologie in Verbindung steht.[18]

---

[18] Eloundou, T. et al. (2023), S. 14

Stu-fe	Benötigte Ausbil-dungszeit	Job-Beispiele (USA)	Einkom-men (Median)	Menschen in Jobs mit >50 % Betroffenheit
1	0 bis 3 Monate	Lebensmittel-zubereitung, Handwerker	30.230 $	0,00 %
2	3 bis 12 Monate	Pfleger, Kunden-service	38.215 $	6,11 %
3	1 bis 2 Jahre	Elektriker, Friseure, Arzthelfer	54.815 $	10,57 %
4	2 bis 4 Jahre	Datenbank-admin., Grafik-designer	77.345 $	34,5 %
5	4+ Jahre	Apotheker, Rechts-anwälte, Ärzte	81.980 $	26,45 %

Tabelle 1: Auswirkungen des Einsatzes von GPT auf verschiedene Berufe in den USA[19]

Ebenso verweist die Analyse darauf, dass Berufs-positionen von Personen mit akademischen Abschlüs-sen auf Bachelor- respektive Masterniveau oder aus einem äquivalenten Bereich eher durch den Effekt der

[19] Eloundou, T. et al. (2023), S. 16, Variation der Tabelle 6

GPT-Technologie gefährdet sein könnten als jene von Arbeitnehmern ohne akademische Bildungsnachweise.

Um konkreter zu werden, sind im Folgenden exemplarisch Berufsfelder aufgeführt, in denen die Tätigkeiten potenziell zu etwa 100 % von GPTs und GPT-gestützten Softwares ausgeführt werden können: Mathematik, Steuerfachwesen, Finanzanalyse, Web- und Digitalschnittstellen-Design, Buchhaltung, Wirtschaftsprüfung, Nachrichtenanalyse, Reportage, juristisches Fachwesen, Verwaltungsassistenz sowie Klimawandelpolitik-Analyse. Ebenso wird erwartet, dass GPTs in weiteren Berufsfeldern einen erheblichen Anteil an Aufgaben übernehmen werden, beispielsweise Dolmetschen, Übersetzen, Meinungsforschung, Schriftstellertum, Öffentlichkeitsarbeit, Blockchain-Ingenieurwesen, Gerichtsstenografie sowie Korrektorat. Die Ergebnisse der Untersuchung bedeuten jedoch nicht notwendigerweise, dass sämtliche Aufgaben mittels GPTs und GPT-gestützter Software in vollem Umfang automatisiert werden können.[20]

Weiterhin lassen die Studienergebnisse darauf schließen, dass Berufe, die auf wissenschaftlichem Arbeiten

---

[20] Eloundou, T. et al. (2023), S. 14-15

und kritischem Denken basieren, weniger anfällig dafür sind, von aktuellen Sprachmodellen beeinflusst zu werden. Im Kontrast dazu sind Berufe, die Programmier- und Schreibfertigkeiten erfordern, für den Einfluss von Sprachmodellen wie GPT prädisponiert.[21] Im nächsten Unterkapitel werden die Optionen zur Vorbereitung auf die zukünftige Arbeitswelt in den Blick genommen.

6.3 Tipps zur Sicherung der Wettbewerbsfähigkeit

Die dynamische Entwicklung der KI-Technologie birgt das Potenzial für fundamentale Veränderungen in der Arbeitswelt. In Zukunft werden neue Kompetenzen unerlässlich sein, wenn es darum geht, die Wettbewerbsfähigkeit von Arbeitskräften zu gewährleisten. Nachstehend werden einige der wesentlichen Fähigkeiten aufgeführt, die Arbeitnehmern helfen können, sich auf dem Arbeitsmarkt der kommenden Zeit zu etablieren.

Digitale Kompetenz: Eine der bedeutenden Fähigkeiten besteht bereits heutzutage in der digitalen

---

[21] Eloundou, T. et al. (2023), S. 12

Kompetenz. Arbeitnehmer sollten fähig sein, digitale Technologien effektiv zu nutzen und sich rasch an neue Entwicklungen anzupassen. Dazu gehört beispielsweise die Anwendung von Cloud-Technologien, Online-Tools und Applikationen.

Kreativität: Obwohl KI-Systeme in letzter Zeit sehr kreativ geworden sind, können sie menschliche Kreativität nicht gänzlich ersetzen. Arbeitnehmer sollten imstande sein, innovative Lösungsansätze zu entwickeln und neue Ideen zu generieren, damit sie weiterhin wertvolle Beiträge leisten.

Zwischenmenschliche Interaktion und emotionale Intelligenz: Auch wenn KI-Systeme in der Lage sind, zahlreiche Aufgaben auszuführen, bleibt zwischenmenschliche Interaktion nach wie vor von unschätzbarem Wert. Arbeitnehmer sollten effektiv mit anderen Menschen kommunizieren und in Kollaboration komplexe Probleme lösen können.

Analysekompetenz: KI-Systeme vermögen Daten schneller und effektiver zu analysieren als Menschen, dennoch ist es wesentlich, dass Arbeitnehmer Daten begreifen, interpretieren und Entscheidungen auf Basis dieser Daten treffen können. Dies beinhaltet auch die

Befähigung zur Datensammlung und zur Identifikation von Trends.

Flexibilität: Die Arbeitswelt unterliegt einem schnelleren Wandel als je zuvor, weshalb Arbeitnehmer in der Lage sein sollten, sich neuen Arbeitsbedingungen und Technologien anzupassen und neue Fertigkeiten zu erwerben. Nutzen auch Sie die Potenziale der KI, beispielsweise in Form der Automatisierung repetitiver Aufgaben. Dies kann zu mehr Freiraum und Zeit für andere Tätigkeiten führen. Ein Musterbeispiel ist die Automatisierung von Dateninput und -analyse im Finanzsektor, die es Mitarbeitern ermöglicht, sich auf strategische Aufgaben zu konzentrieren.

Arbeitnehmer, die die Fähigkeit aufweisen, sich den neuen Arbeitsbedingungen anzupassen und digitale Kompetenzen zu erwerben, werden in der Lage sein, sich in dieser sich wandelnden Arbeitslandschaft zu etablieren. Es werden weiterhin Bereiche existieren, in denen die menschliche Interaktion von unverzichtbarem Wert ist. Als Beispiel sei der Einsatz von KI in der medizinischen Praxis erwähnt. KI-Systeme können Diagnosen stellen und Therapiepläne erstellen, den zwischenmenschlichen Aspekt der medizinischen Betreuung aber nicht ersetzen. Patienten möchten mit den Ärzten kommunizieren und ihre Bedenken besprechen. Somit erweist sich menschliche Interaktion im medizinischen und pflegerischen Bereich als unabdingbar.

Die neuartigen Technologien werden künftig in zahlreichen Branchen eine relevante Rolle spielen. Sowohl Arbeitnehmer als auch Arbeitgeber müssen gewillt sein, ihre Fähigkeiten und ihr Wissen zu erweitern, damit sie wettbewerbsfähig bleiben.

Eine Möglichkeit, sicherzustellen, dass Arbeitnehmer die für die Zukunft benötigten Fähigkeiten erlangen, ist kontinuierliche Weiterbildung. Unternehmen können Schulungen und Lehrgänge zur Verfügung stellen, um sie auf die Veränderungen in der Arbeitswelt vorzubereiten. Gleichzeitig sollten Arbeitnehmer selbst aktiv werden, indem sie beispielsweise Online-Kurse oder Workshops besuchen und sich sowohl mit den Kollegen als auch mit Fachleuten austauschen. Das Lesen und Verstehen dieses Buchs können Ihnen ebenfalls einen Vorsprung auf dem Arbeitsmarkt verschaffen.

Konstatieren lässt sich, dass Arbeitnehmer, die über digitale Kompetenzen verfügen, kreativ sind, Interaktionen mit Menschen schätzen und Flexibilität zeigen, in der Arbeitswelt der Zukunft erfolgreich sein werden. Es ist von Bedeutung, dass sie ihre Fähigkeiten stetig erweitern und sich für die Veränderungen in der Arbeitswelt öffnen. Gleichzeitig sollten Unternehmen sicherstellen, dass ihre Angestellten die erforderliche Unterstützung und Ressourcen für ihre Weiterentwicklung erhalten.

7 Einfluss Künstlicher Intelligenz auf soziale Medien und die Gesellschaft

Soziale Medien haben das menschliche Leben und die Kommunikation in grundlegender Weise transformiert. Im Zuge der Verbreitung von KI-Systemen sind jedoch auch neue Fragen bezüglich der Personalisierung von Inhalten auf sozialen Medien aufgekommen. Nahezu alle nutzen soziale Medien, um mit dem sozialen Umfeld in Verbindung zu bleiben, Informationen zu erhalten und Neuigkeiten zu erfahren. Wie werden veröffentlichte Beiträge sichtbar gemacht? Wie erfolgt ihre Personalisierung? Die Antwort ist simpel: mittels Algorithmen.

Algorithmen stellen eine wesentliche Komponente von sozialen Medien dar und spielen eine entscheidende Rolle bei der Darstellung von Beiträgen. Sie kommen auf den Plattformen der sozialen Medien zum Einsatz, um Inhalte zu filtern und die geeignetsten Beiträge für die jeweiligen Nutzer anzuzeigen. Diese Algorithmen stützen sich auf vielfältige Faktoren wie Interaktionen, Arten von Inhalten und den Zeitpunkt der Veröffentlichung von Beiträgen. Sie erfahren fortwährend Aktualisierungen durch die Plattformbetreiber, um sicherzustellen, dass Nutzern stets die relevantesten Inhalte präsentiert werden. Die Plattformen verwenden Techniken des maschinellen Lernens, um ihre Algorithmen kontinuierlich zu optimieren. So können sie Vorlieben und Interessen präziser erfassen, wodurch die Möglichkeit besteht, passende Inhalte zu präsentieren.

Ein Beispiel für den Einsatz von Algorithmen in sozialen Medien ist der News Feed auf Facebook. Er wird von einem Algorithmus gesteuert, der die Relevanz von Beiträgen auf der Grundlage von Interaktionen wie Likes, Kommentaren und Weiterleitungen einschätzt. Erhält ein Beitrag viele Interaktionen, wird er als relevant eingestuft und in den News Feed eines größeren Publikums aufgenommen.

Ohne Algorithmen würden soziale Medien von einer Flut an Informationen überschwemmt, die niemand effektiv durchforsten könnte. Ihre Anwendung birgt jedoch eine Schattenseite: Sie kann dazu führen, dass

Nutzer lediglich Beiträge zu Gesicht bekommen, die ihre Ansichten und Meinungen bestätigen, was zu einer sogenannten Filterblase führt – auf dieses Phänomen wird in 7.1 und 7.2 verwiesen. In den folgenden Abschnitten steht zudem im Fokus, welche Auswirkungen die sozialen Medien und deren Algorithmen auf Nutzer haben.

7.1 Personalisierung von Inhalten in sozialen Medien

KI-Systeme nutzen in sozialen Medien vielfältige Ansätze, um individualisierte Inhalte zu generieren. Eine Methode ist die Analyse von Nutzerdaten wie demografischen Informationen, Interessen und Vorlieben zur Bereitstellung passender Inhalte. Auch hier werden Algorithmen eingesetzt, um diese Daten zu interpretieren und zu verarbeiten.

Eine andere Methode ist die automatische Identifikation von Mustern im Nutzerverhalten mit dem Ziel, Vorhersagen über zukünftige Interessen und Verhaltensweisen zu treffen. Hier kommen ebenfalls Techniken des maschinellen Lernens zum Einsatz, um Modelle zu trainieren und Vorhersagen zu optimieren.

Das Collaborative Filtering generiert anhand von Nutzerinteraktionen wie Likes, Kommentaren und geteilten Beiträgen ein Profil, das ähnliche Nutzer und deren Präferenzen berücksichtigt. Anschließend werden auf Basis dieser Ähnlichkeiten passende Inhalte vorgeschlagen.

Im Rahmen von Content-based Filtering liegt der Fokus auf den Inhalten von Beiträgen wie Texten, Bildern oder Videos. Sie werden analysiert und mit anderen Beiträgen verglichen. Auf Grundlage dieser Analyse entstehen personalisierte Empfehlungen mit ähnlichen Inhalten. Google nutzt diese Technik beispielsweise im Play-Store für App-Empfehlungen.

Darüber hinaus werden Kombinationen verschiedener Techniken genutzt, um noch präzisere personalisierte Inhalte zu erzeugen. Ein solcher Ansatz, bekannt als Hybrid-Recommender-System, kombiniert beispielsweise Collaborative Filtering und Content-based Filtering. Viele Unternehmen setzen derartige hybride Empfehlungssysteme ein, auch auf Musik- oder Videostreaming-Plattformen.

Es ist jedoch anzumerken, dass diese Verfahren nicht ohne Bedenken sind. Die Analyse von Nutzerdaten offenbart mitunter auch sensible Informationen wie politische oder religiöse Ansichten. Personalisierung kann des Weiteren zu einer gezielten Beeinflussung von Nutzern führen, da ihnen auf Grundlage von Algorithmen Inhalte präsentiert werden, die nicht immer objektiv sind. Zudem können Filterblasen entstehen, indem Nutzer nur Inhalte sehen, die ihren Interessen und Vorlieben entsprechen, was die Bildung einer differenzierten Meinung einschränkt.

Um der Personalisierung von Inhalten auf sozialen Medien entgegenzutreten, können Sie Ihre Datenschutzeinstellungen überprüfen und anpassen. Zudem kann das Abonnieren unterschiedlicher Seiten und Kanäle dazu beitragen, dass Ihnen ein breiteres Spektrum an Inhalten angezeigt wird und Sie nicht auf eine Filterblase beschränkt sind.

7.2 Einfluss der Algorithmen auf die Persönlichkeit

Die Thematik ist faszinierend und besorgniserregend zugleich. Es lässt sich kaum übersehen, dass Algorithmen und KI-Systeme eine zunehmend bedeutende Rolle im täglichen Leben einnehmen und dabei nicht bloß Entscheidungen, sondern auch die menschliche Persönlichkeit beeinflussen.

Ein Beispiel hierfür bildet das Microtargeting, eine Marketingstrategie, die Verbraucherdaten und demografische Informationen nutzt, um die Interessen spezifischer Einzelpersonen oder homogener Kleingruppen auszuloten. Ziel ist es, deren Gedanken und Verhalten zu beeinflussen. Diese Methode findet besonders in der politischen Arena Anwendung, um gezielt Wähler anzusprechen und Wahlen zu beeinflussen. Dafür werden mithilfe von Algorithmen individuelle Wählerprofile erstellt und personalisierte Werbungen sowie Botschaften an diese Gruppen gesendet. Studien zeigen, dass die individuelle Ansprache dazu führen kann, dass Menschen ihre Meinungen ändern und sich dann entsprechend verhalten.

Personalisierung ist nicht nur im politischen Umfeld präsent, sondern auch im Bereich des Marketings. Dabei kommen Algorithmen zum Einsatz, um Empfehlungen, Angebote und Werbung zu generieren, die auf den individuellen Vorlieben und Interessen einer Person basieren. Hier erfolgt eine Analyse sowohl des Nutzerverhaltens als auch der Persönlichkeit, um bestmögliche personalisierte Angebote zu erstellen.

Ein weiteres Beispiel für den Einfluss von Algorithmen auf unsere Persönlichkeit ist das Konzept des Algorithmic Self.

EXTRA-WISSEN Die Idee des **Algorithmic Self** beruht auf der Vorstellung, dass das Selbstbild und die Persönlichkeit nicht nur von individuellen Erfahrungen und Beziehungen geformt werden, sondern auch von den Algorithmen und Technologien, mit denen Menschen täglich in Berührung kommen. Algorithmen erfassen und analysieren kontinuierlich Online-Aktivitäten, um darauf aufbauend Profile zu erstellen. Diese dienen als Grundlage für die Anzeige personalisierter Inhalte.

Algorithmen können Menschen beeinflussen und prägen, indem sie Inhalte und Informationen präsentieren, die Meinungen und Überzeugungen bestätigen und verstärken. Auf längere Sicht kann dies zur Konsequenz haben, dass die Betroffenen sich immer mehr in ihrer Filterblase und persönlichen Echo-Kammer isolieren und sich von abweichenden Ansichten abschotten.

Ein Beispiel dafür ist die Personalisierung von Suchergebnissen auf Plattformen wie Google. Werden bestimmte Themen häufig aufgegriffen oder spezifische Suchbegriffe verwendet, passt Google die Ergebnisse an die Vorlieben an und präsentiert ausschließlich Inhalte, die dem bisherigen Verhalten entsprechen. Dadurch kann der Eindruck entstehen, dass die eigene Sichtweise die einzig richtige ist, während andere Perspektiven und Meinungen als irrelevant oder fehlerhaft erscheinen.

Die Wahrnehmung der Realität wird ebenfalls von sozialen Medien wie Facebook und Instagram verzerrt, da diese Plattformen den Nutzern aufgrund von Interaktionen personalisierte Feeds anzeigen. Somit sehen sie häufig nur noch Inhalte, die ihren bisherigen Überzeugungen entsprechen und ihre Ansichten bekräftigen.

Die Gefahr des Konzepts des Algorithmic Self ist, dass wir uns in einer sogenannten Algorithmic Bubble verlieren können und uns zunehmend von der Realität und der Vielfalt der Welt abschotten. Zudem kann es passieren, dass wir uns dann bewusst oder unbewusst von Menschen fernhalten, die andere Meinungen und Ansichten vertreten.

Es ist von hoher Relevanz, sich dieser Mechanismen bewusst zu sein und aktiv nach abweichenden Meinungen und Perspektiven zu suchen, um ein umfassenderes Verständnis der Welt und von der eigenen Person zu erlangen. Ebenso empfiehlt es sich, alternative Quellen und Plattformen zu nutzen, um sich nicht auf einseitige Informationen und Ansichten zu beschränken.

Der Einfluss der Algorithmen auf die Persönlichkeit wirft auch ethische Fragen auf: Inwiefern sollte die Macht der Algorithmen begrenzt sein? Wer trifft die Entscheidung, welche Daten gesammelt und ausgewertet werden? Und wie lässt sich sicherstellen, dass wir nicht lediglich als Datensätze behandelt werden, sondern als individuelle Persönlichkeiten mit eigener Autonomie?

Es ist an der Zeit, sich der möglichen Beeinflussung durch Algorithmen und KI-Systeme bewusst zu werden und die damit verbundenen Risiken zu erkennen. Zudem sollten wir uns für eine transparente, kontrollierbare und nachvollziehbare Verwendung von Algorithmen einsetzen.

7.3 Gezieltes Marketing auf Social Media

Unternehmen nutzen KI-Systeme, um personalisierte Werbung auf sozialen Medien zu präsentieren. Die Algorithmen analysieren dabei das Verhalten der Nutzer, mit dem Ziel, Werbeanzeigen auszuspielen, die spezifische Interessen oder Bedürfnisse ansprechen.

Ein Beispiel hierfür ist die individualisierte Werbung auf Facebook. Die Plattform nutzt Daten wie Alter, Geschlecht, Wohnort und Nutzungsverhalten, um Anzeigen gezielt an bestimmte Zielgruppen zu richten. Die Facebook-Algorithmen analysieren das Verhalten der Nutzer und lernen so deren Vorlieben und

Bedürfnisse kennen. Auf diese Weise können angepasste Anzeigen für Produkte und Dienstleistungen geschaltet werden.

Ein weiteres Anwendungsgebiet ist das Influencer-Marketing. Unternehmen setzen Influencer auf sozialen Medien ein, um Produkte zu bewerben. Algorithmen analysieren dabei das Nutzungsverhalten der Influencer, indem sie beispielsweise Interaktionen mit spezifischen Inhalten verfolgen, die demografische Zusammensetzung der Followerschaft aufzeigen und erfolgreiche Inhalte identifizieren. Auf Grundlage dieser Informationen können Kampagnen entwickelt werden, die die gewünschte Zielgruppe ansprechen.

Es sind auch Risiken mit solchen Systemen für gezieltes Marketing verbunden. Nutzer von Social-Media-Plattformen könnten sich überwacht fühlen und das Vertrauen in Unternehmen und soziale Medien verlieren. Des Weiteren besteht die Möglichkeit, dass Algorithmen fehlerhafte Annahmen treffen und unangemessene Werbung anzeigen. Zum Beispiel kann eine fehlerhafte Annahme eines Algorithmus, dass eine Person schwanger ist, zu unpassender Schwangerschaftswerbung führen, was Unbehagen hervorzurufen vermag.

Ein Beispiel für die negativen Konsequenzen von KI in Bezug auf soziale Medien ist zudem der Cambridge-Analytica-Skandal. Die Firma Cambridge Analytica hatte die Daten von Millionen Facebook-Nutzern gesammelt, um politische Kampagnen zu manipulieren.[22] Die illegale Datennutzung verdeutlicht, wie leicht Algorithmen für fragwürdige Zwecke ausgenutzt werden können.

Dieser Vorfall führte nicht nur zu öffentlicher Empörung, sondern hatte auch Auswirkungen auf Facebook, das die Sicherheit der Nutzerdaten unzureichend gewährleistete. Es wurden Maßnahmen ergriffen, um den Datenschutz zu stärken und den Zugriff Dritter auf Nutzerdaten einzuschränken.

Der Fall von Cambridge Analytica war kein Einzelfall. Immer wieder treten Vorfälle von Datenmissbrauch durch Unternehmen oder Regierungen ans Tageslicht, die verdeutlichen, wie essenziell der Schutz der Privatsphäre in der Ära von KI und sozialen Medien ist.

---

[22] House of Commons (2018)

Insgesamt wird deutlich, dass Social-Media-Plattformen ein erhebliches Potenzial haben, die Gesellschaft zu prägen und zu beeinflussen. Die Vorfälle von Datenmissbrauch und politischer Manipulation verweisen auf das Erfordernis, den Schutz der Privatsphäre und einen verantwortungsvollen Umgang mit Daten in den Vordergrund zu stellen.

7.4 Die Zukunft von sozialen Medien

Der Einfluss von KI auf die Entwicklung sozialer Medien ist bereits spürbar, und sie wird in Zukunft eine noch bedeutendere Rolle einnehmen. Es ist zu erwarten, dass die **Personalisierung der Inhalte** an Intensität zunimmt. KI wird sozialen Medien ermöglichen, Inhalte noch präziser auf die individuellen Interessen und Vorlieben der Nutzer auszurichten. Ein Beispiel für meisterhafte Personalisierung bietet der Algorithmus von TikTok. Durch die Erfassung von Daten über das Nutzungsverhalten auf der Plattform werden soziale Medien verstärkt Inhalte anpassen, um die Aufmerksamkeit der Nutzer zu gewinnen und deren Verweildauer zu erhöhen. Je länger Nutzer Zeit auf einer Plattform verbringen, desto mehr Werbeinhalte werden präsentiert, und umso höhere Werbeeinnahmen kann die jeweilige Plattform generieren.

Das TikTok-Wunder mit Suchtpotenzial

Der TikTok-Algorithmus zeichnet sich durch eine hohe Effektivität bei der Personalisierung von Inhalten aus, was maßgeblich zu der immensen Beliebtheit der Plattform beitrug. Er sammelt Daten über das Nutzungsverhalten und die Interaktionen der Nutzer, um die präsentierten Inhalte entsprechend anzupassen. Während das Anzeigen von Inhalten auf Social-Media-Plattformen wie Facebook oder Instagram vorwiegend auf den Inhalten von befreundeten Personen oder abonnierten Konten basiert, nutzt der TikTok-Algorithmus eine breitere Palette von Datenquellen, um die Inhalte zu individualisieren. Er analysiert unter anderem das Verhalten der Nutzer, etwa die Verweildauer bei bestimmten Videos, die Reaktionen auf verschiedene Videoarten sowie die selbst hochgeladenen Videos, sodass er imstande ist, ein Nutzerprofil zu erstellen. Basierend auf diesem Profil kann der

Algorithmus Inhalte empfehlen, die den individuellen Interessen und Vorlieben entsprechen.

Ein weiterer relevanter Unterschied zwischen dem TikTok-Algorithmus und anderen Social-Media-Plattformen liegt in seiner Fähigkeit, stets neue Inhalte zu präsentieren. Auf anderen Plattformen treten oft dieselben Inhalte wiederholt auf, wohingegen TikTok konstant frische und neue Inhalte empfiehlt. Dies führt zu einer besonders stark personalisierten Nutzererfahrung. Der TikTok-Algorithmus zeichnet sich in der Konsequenz durch eine überproportional lange Verweildauer der Nutzer auf der Plattform aus. Das Wachstum von TikTok in den vergangenen Jahren ist eng mit diesem Algorithmus verknüpft, und die Plattform weist weiterhin eine große und treue Nutzerbasis auf.

Automatische Inhaltsgenerierung: Bereits heute sind KI-Systeme in der Lage, vielfältige Inhalte zu erstellen. Sie können automatisch generierte Überschriften, Beschreibungen sowie Artikel, Bilder und Videos erzeugen. Ebenfalls kann die KI dazu verwendet werden, Inhalte für Facebook, Instagram, YouTube und Co. zu generieren. Dies wird die Arbeitslast von Content-Erstellern (Content Creators) verringern und das Internet mit KI-generierten Inhalten fluten. Einblicke in KI-Tools zur Content-Erstellung finden Sie im neunten Kapitel dieses Buchs.

Gegenwärtig sind Content-Ersteller diejenigen, die KI steuern, um ihre Inhalte zu generieren. Es ist jedoch lediglich eine Frage der Zeit, bis Bots die Generierung von Inhalten autonom übernehmen. Spätestens dann wird es äußerst schwierig bis nahezu unmöglich sein, zwischen menschengenerierten und KI-generierten Inhalten zu unterscheiden.

Worldcoin[23] ist eine neuartige, sich in der Entwicklungs- und Testphase befindliche Kryptowährung, die ermöglichen soll, Anteile an einem Netzwerk zu besitzen und zu kontrollieren, anstatt dass dies seitens einer einzelnen Einrichtung erfolgt. Um eine möglichst breite Zugänglichkeit zu gewährleisten, ist geplant, dass alle Interessierten die Möglichkeit haben, einen kostenfreien Anteil in Anspruch zu nehmen. Zunächst galt es jedoch, eine bedeutende Herausforderung zu bewältigen: Wie kann jede Person auf der Erde nachweisen, dass sie wahrhaftig menschlich ist und noch keinen kostenfreien Anteil beansprucht hat?

Zur Lösung dieser Problematik entwickelte Worldcoin ein neuartiges Gerät namens Orb, das auf Biometrie basiert. Es erfasst ein Abbild der Augen, das in einen kurzen numerischen Code umgewandelt wird. Auf diese Weise kann überprüft werden, ob eine Person bereits einen Gratisanteil in Anspruch genommen hat. Ist das nicht der Fall, erfolgt eine Zuweisung. Den Angaben auf dem Worldcoin-Blog zufolge wird das ursprüngliche

---

[23] Blania, A. et al. (2021)

Bild nicht gespeichert und es werden keine weiteren persönlichen Informationen benötigt.

Die Zielsetzung ist laut Worldcoin, fortschrittliche Technologien wie die Blockchain und Kryptografie zu nutzen, um individuelle Befähigung und Chancengleichheit im globalen Maßstab zu fördern. Nichtsdestotrotz markiert die Einführung von Worldcoin lediglich den Anfang auf diesem langen Weg. Insgesamt bleibt abzuwarten, welche Auswirkungen Worldcoin auf die KI-Entwicklung und die Unterscheidung von Menschen und Nichtmenschen respektive Bots im Internet haben wird. Worldcoin repräsentiert nur einen möglichen Ansatz, reale Personen online von Bots abzugrenzen.

Ein alternativer Ansatz, um Bots von Menschen im Internet zu unterscheiden, ist die World ID[24] – ein Äquivalent zum Ausweis, jedoch digital und anonym. Es handelt sich um ein neues dezentrales Identitätsprotokoll, das den Schutz der Privatsphäre zum Ziel hat. Es soll ermöglichen, sich nahtlos auf Websites und in Apps anzumelden, indem die Einzigartigkeit und die Authentizität einer Person nachgewiesen werden, ohne dass sie

---

[24] Worldcoin (2023)

persönliche Daten preisgeben muss. Vergleichbar ist dies mit einem globalen digitalen Reisepass, der lokal auf dem Telefon gespeichert ist. Die anfängliche biometrische Verifikation erfolgt mithilfe des Orb-Geräts, das den Iris-Scan durchführt. Wenn Sie sich für diese Technologie interessieren, finden Sie weitere Informationen auf den Worldcoin.com-Seiten oder können die bereits existierende World App direkt herunterladen.

Die zukünftige Bedeutung von **Augmented Reality** (AR) in sozialen Medien ist nicht zu unterschätzen. KI-gesteuerte AR-Systeme haben das Potenzial, die Nutzer-erfahrung zu optimieren, indem sie virtuelle Objekte nahtlos in die physische Welt integrieren.

Instagram lässt sich als Beispiel für die Integration von AR in soziale Medien heranziehen. In den vergangenen Jahren nutzte die Plattform AR, um die Nutzer-erfahrung zu erweitern und neue Ausdrucksmög-lichkeiten zu bieten. Der Gesichtsfilter beispielsweise erlaubt es, in Echtzeit digitales Make-up, Hüte, Brillen und andere virtuelle Accessoires auf das Gesicht zu projizieren.

Des Weiteren stellt Instagram AR-Sticker und digitale Overlays zur Verfügung, die die Nutzer auf Fotos oder Videos anbringen können, um kreative Elemente hinzuzufügen. Durch eine integrierte Einkaufsfunktion können Produkte auch direkt über die App erworben werden. Hier kommt AR zum Einsatz, um Produkte in die eigene Umgebung oder auf den eigenen Körper zu projizieren. Diese Funktion wird vor allem von Mode-, Make-up- und Einrichtungsmarken für ihr Marketing genutzt.

Fast jede Social-Media-Plattform nutzt mittlerweile AR-Technologie, doch sie beschränkt sich nicht auf Filter und Produkte. In Zukunft könnten holografische Projektionen Freunde, Familien- oder Kollegen in die Umgebung bringen. Stellen Sie sich vor, Sie könnten virtuelle Treffen mit Personen aus verschiedenen Teilen der Welt veranstalten, als wären sie physisch anwesend.

Ein Beispiel dafür ist Googles Projekt Starline. Durch Fortschritte in der KI hat es sich von großen, komplexen holografischen Kabinen zu einem kompakteren Videokonferenzsystem entwickelt, das in Büros passt und neue Möglichkeiten für virtuelle Meetings bietet.

Microsoft Research arbeitet ebenfalls bereits seit Jahren an der sogenannten Holoportation, einem realistischen AR-Video-Chat mit vielfältigen Anwendungsmöglichkeiten, darunter auch im Bereich Telemedizin. Diese fortschrittliche Erfassungstechnologie ermöglicht die Echtzeitübertragung hochwertiger 3D-Modelle von Personen an jeden Ort der Welt.

KI birgt das Potenzial zur Verbesserung, aber auch des Missbrauchs von sozialen Medien. Es ist unsere Verantwortung, uns bewusst zu machen, welche Inhalte wir konsumieren und wie sie generiert werden. Nur so lässt sich sicherstellen, dass keine Manipulation erfolgt und es möglich ist, sich eine differenzierte Meinung zu bilden.

8 Künstliche Intelligenz in Umweltfragen

Die heutige Zeit ist von dringlichen Umweltfragen geprägt. Enorme Aufgaben wie die Reduzierung der Treibhausgasemissionen, die Rehabilitation von Ökosystemen und der Schutz gefährdeter Spezies stehen bevor. In diesem Zusammenhang ist KI zu einem wichtigen Werkzeug geworden, um uns bei der Lösung dieser Probleme zu unterstützen. Ebenso ist sicherzustellen, dass die Umweltauswirkungen des KI-Betriebs minimiert werden, damit er keine zusätzlichen Belastungen verursacht.

8.1 Klimadaten und Naturkatastrophen

KI kann auf vielfältige Weisen bei der Bewältigung von Umweltfragen Unterstützung leisten. Ein Bereich, in dem sie besonders hilfreich ist, betrifft das Überwachen von Umweltbedingungen und -veränderungen. KI-Modelle haben die Fähigkeit, umfangreiche Datenmengen aus verschiedenen Quellen wie Satellitenbildern, Wetterstationen oder Sensoren in Echtzeit zu verarbeiten und zu analysieren. Dadurch lassen sich fundierte Entscheidungen treffen und schnelle Reaktionen auf Umweltveränderungen oder Naturkatastrophen gewährleisten.

Letztere stellen heutzutage eine wachsende Bedrohung dar, die sowohl das Leben als auch Eigentum gefährden kann. Gegenwärtig sind KI-Anwendungen weltweit im Einsatz, um Naturkatastrophen im Voraus zu erkennen und Leben zu retten. Dies mag wie Science-Fiction klingen, doch es handelt sich um einen realen Umstand. Im Folgenden werden KI-Anwendungen im Bereich der Prognose von Naturkatastrophen betrachtet.

KI-Modelle sind in der Lage, basierend auf historischen Wetter- und Klimadaten sowie aktuellen Umweltbedingungen Vorhersagen über das Auftreten von Naturkatastrophen wie Stürme, Überschwemmungen oder Waldbrände zu treffen. Solche Vorhersagen können dazu dienen, frühzeitig Evakuierungsmaßnahmen zu ergreifen und die Bevölkerung vor Gefahren sowohl zu warnen als auch zu schützen.

Es mag verwundern, wie eine nichtmenschliche Entität, ein Haufen von Algorithmen, so komplexe und lebenswichtige Aufgaben bewältigen kann. Die Antwort liegt in der Fähigkeit der KI, umfangreiche Daten aus unterschiedlichen Quellen zu analysieren und Muster zu erkennen, die selbst dem schärfsten menschlichen Verstand verborgen bleiben.

Eine entscheidende Rolle kann KI bei der Vorhersage von Vulkanausbrüchen spielen. Neuseeländische Forscher haben Algorithmen eingesetzt, um anhand von umfangreichen Datensätzen ein Muster zu identifizieren, das Vulkane zeigten, bevor sie ausbrachen. Mittels Analyse von 18 gut dokumentierten Eruptionen in Neuseeland, Alaska und Kamtschatka erkannten sie ein allgemeines seismisches Vorläufersignal für gasgetriebene Eruptionen. Sie fanden heraus, dass spezifische seismische Signale verwendet werden können, um den Zeitpunkt eines Vulkanausbruchs vorherzusagen. Durch die Echtzeitüberwachung dieser Signale lassen sich kurzfristige Eruptionswarnsysteme für bestimmte Vulkane verbessern. Das ermöglicht die Generierung von Frühwarnungen, die rechtzeitige

Erstellung von Evakuierungsplänen und die Rettung von Leben.[25]

Ein weiteres bemerkenswertes Beispiel ist die Anwendung der KI zur Vorhersage von Überschwemmungen und Starkregenereignissen. Sie analysiert Satellitenbilder und Informationen verschiedener Wetterstationen. Selbst sehr geringe Veränderungen in Niederschlagsmengen, Flusspegelständen und Bodenfeuchte werden erfasst und in Prognosemodelle integriert. Mithilfe dieser präzisen Vorhersagen lassen sich Ressourcen effizienter nutzen und Maßnahmen zum Hochwasserschutz rechtzeitig ergreifen.

In einer Zusammenarbeit der Firma IBM und der Universität Texas in Austin wurde eine Technologie entwickelt, die Überschwemmungen prognostizieren kann. Sie simuliert Zehntausende von Flussabschnitten und warnt mehrere Tage im Voraus vor Überschwemmungen. Das System kann innerhalb einer Stunde bis zu 100 Stunden Flussverhalten modellieren. Diese Technologie könnte mehr Zeit für die Katastrophenvorsorge verschaffen und auch bei der Bekämpfung von Dürreperioden eingesetzt werden. Sie wurde ursprüng-

---

[25] Ardid, A. et al. (2022)

lich im Jahr 2011 entwickelt und an einem Fluss namens Guadalupe in Texas getestet.[26]

Im Jahr 2018 begann Google mit der Vorhersage von Hochwassern in Indien. Das Flood-Hub-Projekt wurde später auf Bangladesch ausgeweitet. Durch den Einsatz fortschrittlicher KI und maschineller Lernmodelle konnte diese Technologie im Jahr 2022 in 18 weiteren Ländern angewendet werden. Im Rahmen seiner Bemühungen, KI zur Bewältigung der Klimakrise einzusetzen, erweiterte Google Ende Mai 2023 seine Fähigkeit, Hochwasser vorherzusagen, auf 80 Länder. Dies schließt Gebiete in 60 neuen Ländern in Afrika, der asiatisch-pazifischen Region, Europa sowie Süd- und Mittelamerika ein. Dadurch sind nun auch Regionen abgedeckt, in denen ein beträchtlicher Anteil der Bevölkerung Überschwemmungsrisiken und extremen Wetterbedingungen ausgesetzt ist. Insgesamt profitieren weltweit 460 Millionen Menschen von der Technologie.

Die Plattform Flood Hub ermöglicht Regierungen, Hilfsorganisationen und Einzelpersonen, sich auf Hochwasserereignisse vorzubereiten und frühzeitig zu

---

[26] Water Online (2011)

reagieren. Sie stellt lokale relevante Hochwasserdaten und Prognosen bereit, die bis zu sieben Tage im Voraus abrufbar sind. Dies stellt eine Verbesserung gegenüber dem vorherigen Jahr dar, als Informationen nur bis zu 48 Stunden im Voraus verfügbar waren. Die Plattform nutzt KI, die auf verschiedenen öffentlich zugänglichen Datenquellen wie Wetterprognosen und Satellitenbildern basiert. Sie integriert zwei Modelle: das hydrologische Modell zur Vorhersage des Wasserflusses in Flüssen und das Überflutungsmodell, das vorherzusagen erlaubt, welche Gebiete betroffen sein werden und wie hoch das Wasser steigen wird.[27]

Ein weiteres Unternehmen, das zur Prognose von Naturkatastrophen beigetragen hat, ist Fujitsu. Das International Research Institute of Disaster Science an der Tohoku-Universität, das Institut für Erdbebenforschung an der Universität Tokyo und die Fujitsu-Labore brachten ein KI-Modell hervor, das in der Lage ist, Tsunamis in Küstengebieten vorherzusagen.[28]

Hierfür wurde die Rechenleistung des weltweit schnellsten Supercomputers Fugaku genutzt. Das eingesetzte

---

[27] Yossi, M. (2023)
[28] Fujitsu (2021)

KI-Modell entstand anhand der Analyse von Tsunami-Simulationen. Es wurde mittels simulierter Tsunami-Wellenformen und Überschwemmungsbedingungen an der Küste trainiert. Bei einem Erdbeben werden die Daten über die Tsunami-Wellen vor der Küste in das KI-Modell eingegeben, um Prognosen über die Überflutung in Küstengebieten zu erstellen. Das System ermöglicht detaillierte Vorhersagen für spezifische Gebiete und liefert Einsichten in die Auswirkungen der Wellen auf die umliegende Infrastruktur wie Gebäude und Straßen in städtischen Küstengebieten. Es erfordert nicht zwangsläufig die Leistung eines Supercomputers für seine Funktionalität, sondern kann auch auf herkömmlichen Computern betrieben werden. Somit besteht das Potenzial für Katastrophenschutzteams, datengesteuerte und rechtzeitige Maßnahmen zur Katastrophenvorsorge und Evakuierung zu ergreifen.

8.2 Umweltverschmutzung

Eines der bedeutenden Einsatzgebiete von KI ist die Überwachung von Luft- und Wasserkontamination. Herkömmlich werden Daten zur Umweltverschmutzung von Sensoren und anderen Messinstrumenten erfasst, die jedoch oft unzuverlässig und unvollständig arbeiten. Hier tritt KI in Erscheinung: Durch die Anwendung von Algorithmen, die große Datenmengen verarbeiten, kann sie Daten präziser und umfassender sammeln und auswerten.

Zusätzlich können KI-Systeme die Emissionsmuster von Betrieben, Fahrzeugen und weiteren Quellen von Umweltkontamination vorherzusagen helfen. Durch die Auswertung von Informationen zu Standorten, Emissionen und Wetterverhältnissen kann KI dabei unterstützen, die Entstehung und Ausbreitung von Verschmutzung zu erfassen, effizient zu reagieren und fundierte Entscheidungen für Maßnahmen zur Eindämmung zu treffen, beispielsweise eine Umleitung des Verkehrs oder die Regulierung von Industrieanlagen.

Ein unkonventioneller Ansatz besteht in der Anwendung von KI bei der Entwicklung umweltfreundlicher

Materialien. Mittels Algorithmen und maschinellen Lernens ist es möglich, in der Materialforschung innovative Materialien zu entwickeln, die weniger umweltschädigend sind als traditionelle Alternativen.

Die Nutzung von KI zur Optimierung von Transportrouten ist ein weiteres Beispiel. Indem Daten zu Verkehrsdichte, Staus und Emissionen analysiert werden, kann KI dazu dienen, die effizientesten Verkehrswege zu berechnen, Emissionen zu mindern und die Umweltbelastung durch den Transport zu reduzieren. Die Schifffahrt gehört zu den Hauptverursachern von Kohlendioxidemissionen. Durch eine Optimierung der Schifffahrtsrouten und die daraus resultierende Senkung des Treibstoffverbrauchs lässt sich eine erhebliche Menge an CO_2 einsparen.

In Schleswig-Holstein wird ein Projekt gefördert, das den Fokus darauf richtet, wie mithilfe von KI Schifffahrtsrouten optimiert und CO_2-Emissionen reduziert werden können. Das Projekt mit dem Namen RASMUS wird vom GEOMAR Helmholtz-Zentrum für Ozeanforschung in Kiel und von der Firma TrueOcean geleitet. Hier werden hochauflösende ozeanografische Modelle verwendet, um die Schifffahrtsrouten zu optimieren.

Dafür werden Meeresströmungen berechnet und diese Daten mit Echtzeit-Navigationsdaten und anderen Schiffsdaten kombiniert. Die Initiative zielt darauf ab, die Treibhausgasemissionen der Schifffahrt, die fast 3 % aller CO_2-Emissionen ausmachen, zu reduzieren und den Schiffsbetreibern Zeit und Geld zu sparen.[29]

Insgesamt birgt KI ein enormes Potenzial für die Bewältigung von Umweltverschmutzung. Es besteht jedoch noch viel Forschungsbedarf dahingehend, ihre Möglichkeiten auf diesem Gebiet zu erschließen.

8.3 Schutz bedrohter Tierarten

Die Einflüsse der globalen Erwärmung und menschlicher Aktivitäten auf die natürliche Umgebung sind allgegenwärtig. Zahlreiche Tierarten sind vom Aussterben bedroht, und es ist dringend erforderlich, Maßnahmen zu ergreifen, um sie zu schützen. KI kann auch hier eine entscheidende Rolle spielen.

Entsprechende Systeme können dazu verwendet werden, Gefahren für Tierarten zu identifizieren und zu überwachen. Mittels Sensoren, Drohnen und weiterer

---

[29] GEOMAR (2021)

Technologien sind Forscher und Naturschutzorganisationen imstande, Informationen zu erfassen und zu analysieren, um die Sicherheit gefährdeter Tierarten zu gewährleisten.

Ein Beispiel hierfür ist die Anwendung von KI zur Überwachung von Nashörnern in Afrika. Diese Tiere sind häufig Zielscheibe von Wilderern, die sie illegal erlegen, um ihre Hörner auf dem Schwarzmarkt zu verkaufen. Durch den Einsatz von KI-gesteuerten Drohnen können Parkwächter und Naturschützer rasch erkennen, wenn Nashörner bedroht sind und sofort Gegenmaßnahmen ergreifen.

Die traditionelle Methode, Nashörner einzufangen, mit Sendern zu versehen und in die Freiheit zu entlassen, kann sowohl für Menschen als auch für die Tiere belastend sein. Aus diesem Grund untersuchen Forscher wirkungsvollere Ansätze wie den Einsatz hochfliegender Drohnen, die mit KI ausgerüstet sind, um beispielsweise die gefährdete Population der Spitzmaulnashörner in der namibischen Wildnis zu überwachen.

Hochfliegende Drohnen wurden bereits für die unauffällige Erforschung von Wildtieren eingesetzt, allerdings leben diese Tiere oft in Gegenden mit begrenzter

Netzabdeckung, sodass die Drohnen die Aufnahmen nicht in Echtzeit übertragen können. Daher werden sie erst nach der Rückkehr von den Forschern heruntergeladen. Anschließend erfolgt eine Analyse, um die gesichteten Tiere zu identifizieren. Dieses Vorgehen führt zu erheblichen Verzögerungen. Die Ergebnisse der Analyse sind erst verfügbar, wenn der unmittelbare Schutz der Tiere nicht mehr möglich ist.

Die neuen, von KI gestützten Drohnen können sich auch mit schwächeren drahtlosen Netzwerken verbinden und Benachrichtigungen übermitteln, sobald Tierbegegnungen erfasst werden. Sie sind daher effektiv einsetzbar, um Nashörner und andere gefährdete Arten zu schützen, agieren zügig, vergleichsweise präzise (>80 % Erkennungsrate) und ermöglichen durch die sofortige Identifikation der Nashörner und eine Benachrichtigung vor der Landung eine unverzügliche Reaktion auf Wilderei.[30]

Ein weiteres Exempel im Kontext des Artenschutzes und der Minderung von Konflikten zwischen Menschen und Wildtieren ist die Technologie zur Identifizierung von Fußabdrücken (FIT) von WildTrack. Fußabdrücke

---

[30] Hua A. et al. (2022)

sind oft leichter aufzuspüren als die Tiere selbst, beeinträchtigen die Tiere nicht und sind kostengünstiger im Vergleich zu anderen Methoden der Tierüberwachung. Durch die Verschmelzung traditionellen ökologischen Wissens von Einheimischen mit KI können die Fußabdrücke entschlüsselt werden, um Einblick in die Bewegung von Tieren in ihrem natürlichen Lebensraum zu gewinnen. FIT stellt die einzige ganzheitliche Plattform zur Überwachung gefährdeter Tierarten anhand von Fußabdrücken dar und kann auch als Smartphone-App genutzt werden. KI-Modelle vermögen mit einem Präzisionsgrad von über 90 % eine Differenzierung hinsichtlich Tierart, Individuums, Geschlechts und Alters vorzunehmen.[31]

Ebenfalls kann KI zur Wiederansiedlung gefährdeter Arten beitragen. Durch Datenanalyse und die Modellierung von Umgebungen können Forscher und Naturschützer die idealen Bedingungen für die Neuansiedlung von Tierarten schaffen. Unter Einbeziehung von Daten wie Habitat-Temperatur und Nahrungsverfügbarkeit kann eine virtuelle Umgebung erstellt werden, um zu simulieren, welche Bedingungen

---

[31] WildTrack (o. D.)

notwendig sind, damit sich eine spezifische Tierart wieder ansiedeln lässt.

Vielfältige Projekte setzen KI ein, um den Erhalt von Tierarten zu gewährleisten. Die Initiative AI for Earth von Microsoft fördert Einzelpersonen und Organisationen bei der Entwicklung innovativer Lösungen für die Überwachung und Verwaltung der natürlichen Systeme der Erde. Microsoft stellt dabei Cloud- und KI-Technologie, Datenzugang und finanzielle Unterstützung zur Verfügung. Diverse Projekte wurden bereits unterstützt, darunter das auf maschinellem Lernen basierte Wild Me und Zooniverse – die größte globale Plattform für unabhängige Forschung, was die Einstiegshürden für wissenschaftliche Entdeckungen verringern soll.[32]

Im Ganzen offeriert KI zahlreiche Potenziale, Umweltprobleme anzugehen und den Planeten zu bewahren. Diese Chancen sind zu ergreifen und die Technologien mit Bedacht einzusetzen, um eine zukunftsfähige Existenz für sämtliche Lebensformen zu gewährleisten.

---

[32] Microsoft (o. D.)

8.4 Die Kehrseite – der Preis der Innovation

Es ist essenziell, sich bewusst zu machen, dass KI nicht bloß bei der Lösung globaler Herausforderungen helfen kann, sondern auch neue Problematiken mit sich bringt. Wussten Sie, dass KI-Systeme große Mengen an elektrischer Energie verbrauchen? Eine einzelne KI-Trainingseinheit kann so viel Strom verbrauchen wie ein Durchschnittshaushalt in einem Monat. Das sind sehr viele Ressourcen und ein großer Beitrag zur Erderwärmung. KI-Systeme generieren darüber hinaus umfangreiche Datenmengen, die auf Servern gespeichert werden müssen. Diese benötigen elektrische Energie für den Betrieb und die Kühlung, was ebenfalls einen erhöhten Energieverbrauch und Ausstoß von Kohlenstoffdioxid bewirkt.

Die zunehmende CO_2-Bilanz von KI-Modellen, vor allem der großen wie GPT-3 und GPT-4, erregt aktuell öffentliche Aufmerksamkeit. Die ebenso relevante beträchtliche Wasserbilanz von KI-Modellen bleibt aber oft unbeachtet. Ein Exempel verdeutlicht dies: Das Training von GPT-3 in den hochmodernen Microsoft-Rechenzentren in den USA kann 700 000 Liter reinen

Süßwassers verbrauchen (ausreichend für die Fertigung von 370 BMW-Fahrzeugen oder 320 Tesla-Elektroautos). Die Menge würde sich sogar verdreifachen, wenn das Training in den asiatischen Microsoft-Rechenzentren stattfände.[33]

Dies ist äußerst besorgniserregend, da die Verknappung von Süßwasser zu den akuten Problemfeldern gehört. Schon vor der Ära der KI-Modelle beeinflussten diverse Faktoren die Wasserverfügbarkeit, darunter die steigende Bevölkerungszahl, zunehmende Industrialisierung und Urbanisierung, Erderwärmung und Verunreinigung von Wasserquellen. Hinzu kommen nun Millionen Liter von klarem Süßwasser, das für die Energieversorgung zur Betreibung von Servern in KI-Rechenzentren und deren Kühlanlagen aufgewendet wird.

Nutzer dieser Technologie tragen zur Wasserknappheit bei. Als Beispiel muss ChatGPT für eine schlichte Konversation von etwa 20 bis 50 Fragen und Antworten eine 500-Milliliter-Wasserflasche ‚austrinken‘, in Abhängigkeit vom Ort und Zeitpunkt des Einsatzes. Obschon 500 Milliliter geringfügig wirken mögen,

---

[33] Li, P. et al. (2023), S. 1

addiert sich der kombinierte Wasserabdruck der Millionen von ChatGPT-Anwendern zu einem immensen Ausmaß. Für das kürzlich eingeführte GPT-4 Modell, das deutlich größer ist als die Vorgängermodelle, sind diese Werte wahrscheinlich sogar höher. Gleichwohl existieren bis dato wenig öffentlich verfügbare Daten, die den Wasserabdruck des neuen Modells angemessen einzuschätzen erlauben.[34]

---

[34] Li, P. et al. (2023), S. 3

9 Profitieren Sie von Künstlicher Intelligenz

KI hat nahezu überall Einzug gehalten, aber einige ihrer unkonventionellen und faszinierenden Anwendungen sind vielen Menschen nur unzureichend vertraut. Es lohnt sich, zu erkunden, wie Sie im Alltag von dieser sich rapide entwickelnden Technologie profitieren können – in einer Weise, die vielleicht Ihre Erwartungen übertrifft.

9.1 Effizienz

Bei der Informationsrecherche in beruflichen oder persönlichen Kontexten sind viele mit der Notwendigkeit vertraut, umfassend nach relevanten Inhalten zu suchen. Dafür greifen viele Menschen zu einer Google-Suche. Mit der Einführung der KI-Chatbots kamen jedoch weitere, viel effizientere Möglichkeiten dazu. Wie in Abschnitt 2.7 erwähnt, erlangte das mächtige KI-Modell ChatGPT erst durch den Zugang zum Internet die Fähigkeit, aktuelle Webinhalte abzurufen. Davor basierte sein Wissen ausschließlich auf Informationen bis zum Jahr 2021. Der Zugang zum Internet wurde im Mai den ChatGPT-Plus-Abonnenten ermöglicht. Der kostenfreie Zugang bringt weiterhin das begrenzte Wissen bis 2021 mit sich.

Dessen ungeachtet gibt es vielfältige andere KI-Chatbots, die Online-Zugriff haben und somit Anfragen zu aktuellen Ereignissen beantworten können. Ein solcher auf dem ChatGPT-Modell basierender Chatbot ist im Edge-Browser eingebaut. Der Bing-Chatbot kann auch über eine eigene Website in anderen Browsern genutzt werden.

Obwohl Microsofts Suchmaschine Bing keine Neuheit ist, wird sie nicht so intensiv genutzt wie Google. Der Bing-Chatbot könnte jedoch das Nutzerverhalten ändern. Die zukünftige Beliebtheit von Chatbots wie Bing von Microsoft, Bard von Google oder möglicherweise von einem anderen aufstrebenden Chatbot wird sich mit der Zeit zeigen.

Weitere Chatbots, die Fragen mit flüssigen, logischen Texten beantworten können und gegebenenfalls Quellen angeben, sind beispielsweise der Chatbot auf der Website You.com und jener von Perplexity. Letzterer bietet auch eine Chrome-Erweiterung sowie eine App an. Nach der Installation kann die Perplexity-Chrome-Erweiterung beliebige Websites, Artikel oder Forschungsberichte im Internet in wenigen Sätzen zusammenfassen.

Für faktenbasierte Auskünfte ist es ratsam, die Fähigkeiten eines Chatbots kritisch zu betrachten. Besonders im Bereich der Gesundheit sollten die Aussagen eines Chatbots mit Vorsicht betrachtet werden. ChatGPT beispielsweise liefert gelegentlich auf die gleiche Frage unterschiedliche, oft fehlerhafte Antworten – in den KI-Kreisen wird hier vom ,Halluzinieren' gesprochen. Tools wie Perplexity und die kostenpflichtige Version von ChatGPT führen im Text Quellen an, was es ermöglicht, die Verlässlichkeit und die Seriosität der Antworten zu überprüfen. In der kostenlosen Version von ChatGPT sind die Quellen nicht transparent, möglicherweise handelt es sich um Blogs oder bloße Diskussionen im Internet. Auf explizite Anfrage nach Quellen gibt diese kostenlose Version oft erfundene

Referenzen an, die zwar vertrauenswürdig erscheinen mögen, jedoch nicht existieren.

ChatGPT kann verschiedene Rollen einnehmen und in diesen Rollen Unterstützung, Ratschläge, Analysen und mehr bieten. Die Qualität der Antworten hängt von den Prompts ab – den eingegebenen Anweisungen, Fragen oder Aufforderungen. Er kann auch Fachkenntnisse auf einem bestimmten Gebiet zur Verfügung stellen oder eine Berufsrolle vertreten.

Sie können sich beispielsweise Trainingspläne für Gewichtsabnahme oder Muskelaufbau, vegetarische oder glutenfreie Tagesmenüs mit bestimmter Kalorienanzahl oder Vertragsentwürfe generieren lassen. Eine der vielen möglichen Prompt-Formulierungen ist „Agiere als …“. Sie funktioniert gut mit ChatGPT für Eingaben wie: „Agiere als Ernährungsexperte und erstelle mir ein vegetarisches Tagesmenü bestehend aus drei Gerichten mit insgesamt 1700 Kalorien, inklusive der Rezepte.“

Stellen Sie sich vor, Sie sind in einer fremden Stadt unterwegs und verspüren Hunger. Ein Chatbot kann Ihnen das ideale Restaurant empfehlen. Basierend auf Ihren Vorlieben, Ihrem Budget und der Entfernung schlägt er Ihnen geeignete Lokale vor. Ein Beispiel für einen Prompt ist außerdem: „Bitte schlage drei vietnamesische Restaurants vor, die höchstens zwei Kilometer von der Wiener Staatsoper entfernt sind und in denen zwei Personen ein Drei-Gänge-Menü bis zu 60 Euro genießen können."

Er kann Ihnen auch Film- und Musikvorschläge basierend auf Ihrem Geschmack und Ihrer Stimmung machen und helfen, Ihre Lieblingsplaylist zu erstellen. Oder vielleicht lesen Sie begeistert und sind auf der Suche nach neuen Büchern. Der Chatbot kann Sie beraten. Basierend auf Ihren Präferenzen unterbreitet er spannende Buchvorschläge und gibt Informationen über Autorschaft, Handlungen und Rezensionen, um die Auswahl des nächsten Buchs leichter zu gestalten.

Möchten Sie Ihre Sprachkenntnisse verbessern oder eine Fremdsprache lernen? Der Chatbot kann als Ihre virtuelle Sprachlehrkraft agieren und Ihnen dabei helfen, Vokabeln zu lernen, Grammatikregeln zu verstehen und Konversationen in der gewünschten Sprache zu üben. Mit interaktiven Übungen und individuellen Lektionen unterstützt er Sie auf Ihrem Weg zur Sprachkompetenz.

Oder sind Fitnessziele Ihre Priorität? Die KI kann Ihnen individuelle Trainingspläne erstellen, Übungen und Techniken erklären und Sie motivieren, Ihre Ziele zu erreichen. Sie kann Ihnen auch Ernährungstipps geben und auf Ihre Fragen zu gesundem Lebensstil und ausgewogener Ernährung eingehen.

Falls Sie beruflich in einem Büro tätig sind, könnten Sie die Fähigkeit einer KI schätzen, umfangreiche Datenmengen und Informationen zu analysieren und daraus eine Tabelle oder eine vollständige Präsentation zu erstellen, ansprechende Werbetexte zu verfassen oder Ideen für Marketing-Kampagnen zu generieren. Als selbstständige Person könnte Ihnen auch die Möglichkeit gefallen, von der KI neue Geschäftsideen generieren und bewerten, Designs für neue Produkte oder eine Website einschließlich origineller Texte und Bilder kreieren zu lassen.

Eine korrekte Formulierung des Prompts ist immer von entscheidender Bedeutung, und manchmal sind mehrere Formulierungen nötig, um das gewünschte Ergebnis zu erreichen. Insbesondere im beruflichen Kontext kann eine Chrome-Erweiterung, beispielsweise AIPRM für ChatGPT, sehr hilfreich sein. Sie bietet in der kostenfreien Version über 4000 vorgefertigte Prompts an – unter anderem aus den Bereichen Marketing, Verkauf und Produktivität.

Diese exemplarischen Situationen gewähren lediglich einen Einblick in die vielfältigen Weisen, wie ein Chatbot Ihnen unterstützend zur Seite stehen kann. Entfalten Sie Ihre Kreativität und entdecken Sie eigenständig, wie diese virtuelle Assistenz Ihnen in diversen Situationen behilflich sein kann. Es existieren zahlreiche Gelegenheiten, KI-Tools und -Anwendungen zur Zeitersparnis und Effizienzsteigerung zu nutzen. Mit dem Einsatz von KI-Tools und -Anwendungen in Ihrem Alltag können Sie diverse Aufgaben zügiger abwickeln und mehr Zeit für Ihre persönlichen Belange gewinnen.

Neben den Chatbots, die bei einer Vielzahl von Aufgaben behilflich sein können, existieren KI-basierte E-Mail-Management-Tools, die beim Kategorisieren und Priorisieren von E-Mails unterstützen und sogar

E-Mails in Ihrem Namen verfassen. Sprachassistenten wie Alexa und Siri können ebenfalls als persönliche Assistenten agieren, indem sie Erinnerungen setzen, Termine koordinieren oder bei Online-Einkäufen helfen. Außerdem vermögen KI-basierte Schreibwerkzeuge nicht nur bei der Optimierung von Grammatik und Rechtschreibung zu assistieren, sondern auch den Schreibprozess zu übernehmen.

Die zuvor beschriebenen Anwendungen dürften Ihnen nicht fremd sein. Auf der folgenden Seite finden Sie eine Tabelle mit verschiedenen neuen KI-Tools und den jeweiligen am besten geeigneten Einsatzbereichen. Dabei handelt es sich lediglich um eine geringfügige Auswahl, da mittlerweile Tausende beeindruckende Tools existieren, die vielfältige Aufgaben erfüllen und automatisieren können.

Funktionalität	KI-Tools
Bilder erstellen	Midjourney, Dalle-e, Stable Diffusion, Leonardo.ai, Bing Image Creator
Videos erstellen	Runway, Kaiber, Synthesia, Tavus, Descript
Sprache generieren	Murf, Fliki, Eleven Labs
Website erstellen	Durable, 10Web, Typedream, Framer
Programmierung/Coding	Akkio, Replit, GitHub Copilot
Copywriting	Writesonic, Adcreative, Simplified, ArticleForge
Im Internet recherchieren	Bing, Bard, Perplexity
Präsentationen erstellen	Pitch, Tome, Slidebean, SlidesAI
Musik generieren	Soundraw, MusicLM, Mubert
Multifunktionale Chatbots	ChatGPT (OpenAI), Pi (Inflection), Bard (Google), Bing Chat (Microsoft)

Tabelle 2: Beispiele für KI-Tools (Die Zusammenstellung erfolgte zufällig und sollte keinesfalls als eine Empfehlung betrachtet werden.)

9.2 Kreativität

Aktuelle Entwicklungen deuten darauf hin, dass Kreativität nicht länger exklusiv Menschen vorbehalten ist. Falls Sie die Annahme hegten, dass KI lediglich zur Steigerung von Produktivität und Effizienz dient, sind Sie vielleicht überrascht. KI kann ebenfalls dazu beitragen, Kunst zu generieren. Ja, Sie haben richtig verstanden. Sie fragen sich möglicherweise, wie eine Technologie, die oft mit präzisen Algorithmen und Programmierung assoziiert wird, Kreativität fördern kann. Lassen Sie mich das erläutern: Algorithmen vermögen Musik, Bilder und sogar Gedichte zu kreieren, die von menschlich erschaffenen Werken nur schwer zu unterscheiden sind. Dies eröffnet neue Horizonte für künstlerische Ausdrucksformen und Kreativität.

Bereits heute setzen visionäre Kreative KI-Algorithmen ein, um inspirierende Kunstwerke zu erschaffen. Mit Tools wie DALL-E und Midjourney können sie ihre kreativen Ideen in beeindruckende visuelle Darstellungen umwandeln. Ebenso kann der Bing-Chatbot im Edge-Browser digitale Bilder mit einem KI-unterstützten Werkzeug namens Bing Image Creator generieren.

Der Image Creator ist auch über eine eigene Website verfügbar, die in jedem Browser aufgerufen werden kann. Diese Funktion wird durch die erweiterte Version des DALL-E-Modells von OpenAI unterstützt. Auf diese Weise können auch Sie die neuen Tools ausprobieren und nicht nur neue Impulse erhalten, sondern ebenso eine neue Sichtweise auf Ihre eigene Kreativität erlangen.

Der deutsche Fotograf B. Eldagsen gewann einen Fotowettbewerb, indem er ein Bild einreichte, das nicht mit seiner Kamera aufgenommen, sondern mithilfe von KI erstellt worden war. Er entschied sich dazu, bei den Sony World Photography Awards 2023 sein Porträt mit dem Titel „Pseudomnesia | The Electrician" einzureichen, ein von KI generiertes Bild, denn der Wettbewerb erlaubte die Verwendung von „beliebigen Geräten". Das schwarz-weiße Bild zeigt eine Frau, die sich an die Schulter einer anderen Frau lehnt. Der Fotograf lehnte den Preis jedoch ab. Er vertritt die Meinung, dass KI-generierte Bilder und traditionelle Fotografie nicht in einem solchen Wettbewerb miteinander konkurrieren sollten, da er sie für unterschiedliche Entitäten hält. Mit seinem Gewinn und der entstandenen Aufmerksamkeit wollte der Fotograf eine Diskussion über den Einsatz von KI in der Branche anstoßen.[35]

KI-generierte Kunst erzielte in den vergangenen Jahren bedeutende Fortschritte, allerdings ist vielleicht weniger bekannt, dass diese Technologie auch dazu genutzt werden kann, die Malstile renommierter Meister wie Van Gogh, Picasso und da Vinci zu imitieren. Beispielsweise könnten Sie ein Porträt von sich in einem bestimmten Stil erstellen lassen oder ein neuartiges Kunstwerk schaffen, das auf den Stilmerkmalen mehrerer Künstler basiert.

Vielleicht interessieren Sie oder Ihr Kind sich für Malbücher. Mithilfe von KI können Sie im Handumdrehen bezaubernde Ausmalvorlagen nach Ihren Vorlieben erzeugen oder Illustrationen zu einer von Ihnen erzählten Geschichte hinzufügen. Die Potenziale sind groß, und einzig Ihre Vorstellungskraft setzt die

---

[35] Eldagsen, B. (2023)

Schranken. Beim Erstellen der digitalen Bilder anhand Ihrer Textangaben spielen die Prompts ebenfalls eine entscheidende Rolle, und jedes Wort beeinflusst die Optik des Erschaffenen.

Erinnern Sie sich an Ihre Kindheit? Haben Sie je den Wunsch verspürt, einem Märchen zu lauschen oder Ihrem Kind eine Geschichte vorzulesen, die exakt nach Ihren Vorstellungen gestaltet wurde? Dank KI ist dies nun realisierbar. Ein KI-Modell wie ChatGPT kann aus einer Fülle von Büchern, Filmen und Geschichten lernen und daraus ein individuelles Märchen schaffen, das Ihren Vorgaben entspricht. Lassen Sie sich inspirieren und genießen Sie die auf Sie zugeschnittene Erlebniswelt.

Ein Liebesbrief, ein Songtext, ein kurzes Gedicht oder eine Antwort auf die E-Mail, über deren Formulierung Sie lange grübeln müssten, lässt sich ebenfalls binnen Sekunden generieren. Sie können dem KI-Modell Ihren Schreibstil vermitteln, indem Sie zuerst Ihre Texte in denselben Chatverlauf einfügen und erst danach die Anweisungen für die neue Texterstellung geben.

Interessant sind auch KI-Tools, die musikalische Kompositionen hervorbringen können. Sie sind in der Lage, menschenähnliche Musikstücke zu erschaffen und sogar emotionale Stimmungen zu vermitteln. Diese Technologie kann ein Ausgangspunkt für Künstler und alle Musikbegeisterte sein, ihre Kreativität stimulieren und neue Musikwerke hervorbringen sowie das finale Produkt generieren, das Millionen von Menschen berührt und mitschwingen lässt. Abschließend lässt sich festhalten, dass KI die menschliche Kreativität auf eine Art zu fördern vermag, die vor einigen Jahren noch schwer vorstellbar war.

10 Schlussbetrachtung: Künstliche Intelligenz und die Zukunft des Menschseins

In diesem Buch wurden ausgiebig die Fortschritte im Bereich KI ergründet, ihre Rollen in verschiedenen Lebensbereichen untersucht und potenzielle künftige Auswirkungen auf die Menschheit erörtert. Einige Arbeitspositionen könnten durch KI substituiert werden, während an anderen Stellen neue Gelegenheiten entstehen. Es liegt in der Hand jeder und jedes Einzelnen, die Fertigkeiten zu erlangen, derer es bedarf, um in dieser sich wandelnden Welt zu bestehen.

Offenkundig ist, dass KI bereits erfolgreich in diversen Bereichen eingesetzt wird – von der Wirtschaft über den Umweltschutz bis hin zur Medizin. KI-Systeme sind fähig, große Datenmengen in einer kurzen Zeitspanne zu verarbeiten, was zu präziseren Vorhersagen und Entscheidungen führt, als derzeit von Menschen erreichbar. Dies bringt zahlreiche Vorzüge mit sich, etwa eine gesteigerte Arbeitsleistung, genauere medizi-

nische Diagnosen und raschere wissenschaftliche Fortschritte.

Gleichzeitig existieren Risiken. Eine der Hauptheraus-
forderungen ist, dass KI Entscheidungen treffen könnte, die im Widerspruch zu ethischen und moralischen
Werten stehen. Somit ist es essenziell, dass die Entwicklung von KI-Systemen in vertretbarer und verantwor-
tungsvoller Weise erfolgt.

KI kann Menschlichkeit betonen. Indem Menschen
Maschinen dazu befähigen, sie bei repetitiven Aufgaben
zu unterstützen, bleibt mehr Zeit und Energie für jene
Qualitäten, die das Menschsein ausmachen – Empathie,
Kreativität, Innovation und zwischenmenschliche
Beziehungen.

Nicht allen Menschen ist KI jedoch zugänglich. In
zahlreichen Fällen erfordert die Nutzung von KI-
Anwendungen technische Kenntnisse. Auch sind ein
Computer oder Smartphone sowie eine stabile Internet-
verbindung erforderlich – ein Umstand, der in vielen
Regionen der Welt noch keine Selbstverständlichkeit
ist. Folglich können manche Menschen von den Vorzügen der KI profitieren, wohingegen andere ausge-

schlossen bleiben. Dies vertieft die Kluft zwischen Arm und Reich.

Die Zukunft der Menschheit wird eng mit der KI-Entwicklung verwoben sein. Hier gilt es, weise Entscheidungen zu treffen, damit KI die Menschlichkeit ergänzt, statt sie zu substituieren. Ich hege Vertrauen darin, dass es möglich ist, kollektiv eine Zukunft zu gestalten, in der der Mensch von der KI zu profitieren vermag.

KI und ihre Entwicklung sind Ihnen nun klarer. Sie stellt nichts Fremdes und Bedrohliches dar, sondern etwas, das hoffentlich Chancen birgt. Mit Wissen für die Zukunft und Tools ausgestattet, können Sie aus dieser neuen Ära Nutzen ziehen und sich in ihr entfalten.

Die Möglichkeit einer aktualisierten Zweitausgabe oder Fortsetzung dieses Buchs ist hoch. Es stellte eine Herausforderung dar, die Arbeit daran zu beenden — nicht aus dem Grund, dass ich als Autorin dazu neige, meinen Text mehrmals zu überarbeiten und kein Ende zu finden, sondern aufgrund täglicher Entwicklungen und Forschungsergebnisse aus der KI-Welt, die Nachrichtenseiten, Foren und Firmen-Blogs füllen. Wesentliches abzudecken, zu priorisieren und zu filtern, war eine Kunst. Dieses Buch hätte tausend Seiten füllen können, jedoch hätten Sie es dann zu spät in Ihren Händen gehalten.

Dies sollte in Anbetracht der schnellen technologischen Fortschritte nicht geschehen, denn die Veränderungen, die die Gesellschaft in noch nie gesehener Weise beeinflussen, werden auch Ihr Leben erreichen, ob gewollt oder nicht. KI kann nicht ignoriert werden – sie ist präsent.

Denken Sie daran: Das ist erst der Beginn. An der Universität Texas wurde ein KI-gesteuerter Decoder entwickelt, der Gehirnaktivität in Text übersetzen und somit quasi Gedanken lesen kann.[36] Die Faszination für KI-Fortschritte wird andauern und schrittweise die Art, wie wir leben, arbeiten und interagieren, verändern. Falls Sie weiterhin über die Ereignisse in der KI-Szene, die jüngsten Fortschritte und KI-Anwendungen informiert bleiben möchten, können Sie zum Beispiel dem Instagram-Account *thenews.ai* folgen. Es berichtet neuerdings auch auf Deutsch.

---

[36] Tang, J. et al. (2023)

Unverkennbar ist: Die KI-Welt wird in rasantem Tempo weiterwachsen. Diese Revolution hat gerade erst begonnen, und eine aufregende Zukunft voller Chancen steht bevor. Sie und ich – wir alle sind aufgerufen, diese Zukunft proaktiv zu gestalten und sicherzustellen, dass KI zum Wohl der Menschheit eingesetzt wird.

Abschließend möchte ich betonen: KI ist kein isoliertes Phänomen, das nur Fachleute verstehen. Sie betrifft uns alle, und es ist wichtig, dass wir uns aktiv mit ihr auseinandersetzen und uns sowohl über das inhärente Potenzial als auch die Risiken informieren. Sie haben einen umfassenden Einblick erhalten und sind darauf vorbereitet, Chancen zu nutzen und Herausforderungen zu meistern.

Ich danke Ihnen für Ihre Bereitschaft und Ihre Offenheit, unter meiner Anleitung dieses Universum zu erkunden. Möglicherweise hat dieses Buch Sie zur Nutzung von KI-Potenzialen, zur Diskussion ethischer Fragen und zur aktiven Gestaltung unserer Zukunft inspiriert, sodass wir gemeinsam die spannende Weiterreise antreten können.

Literaturverzeichnis

Ardid, A., Dempsey, D., Caudron, C. & Cronin, S.: Seismic precursors to the Whakaari 2019 phreatic eruption are transferable to other eruptions and volcanoes. Nature Communications, 20.04.2022. Abgerufen am 10.04.2023 von https://www.nature.com/articles/s41467-022-29681-y

Ayers, J. W., Poliak, A., Dredze, M., Leas, E. C., Zhu, Z., Kelley, J. B., Faix, D. J., Goodman, A. M., Longhurst, C.A., Hogarth, M. & Smith, D. M. (2023): Comparing Physician and Artificial Intelligence Chatbot Responses to Patient Questions Posted to a Public Social Media Forum. JAMA Internal Medicine. 28.04.2023. Abgerufen am: 30.04.2023 von https://jamanetwork.com/journals/jamainternalmedicine/fullarticle/2804309

Blania, A., Altman, S. & the Worldcoin team (2021): Introducing Worldcoin. Worldcoin Blog. 21.10.2021. Abgerufen am 25.04.2023 von https://worldcoin.org/blog/worldcoin/introducing-worldcoin

Bloomberg (2023): Introducing BloombergGPT,
      Bloomberg's 50-billion parameter large
      language model, purpose-built from scratch
      for finance. Pressemitteilung, 30.03.2023.
      Abgerufen am 02.04.2023 von
      https://www.bloomberg.com/company/press
      /bloomberggpt-50-billion-parameter-llm-
      tuned-finance/

Bubeck, S., Chandrasekaran, V., Eldan, R., Gehrke, J.,
      Horvitz, E., Kamar, E., Lee, P., Lee, Y. T., Li,
      Y., Lundberg, S., Nori, H., Palangi, H., Ribeiro,
      M.T. & Zhang, Y (2023): Sparks of Artificial
      General Intelligence: Early experiments with
      GPT-4. Microsoft Research. 13.04.2023. Page
      92. Abgerufen am: 14.04.2023 von
      https://arxiv.org/pdf/2303.12712.pdf

Eldagsen, B. (2023): Sony World Photography Awards
      2023. 14.03.2023. Abgerufen am 27.04.2023
      von https://www.eldagsen.com/news/

Eloundou, T., Manning, S., Mishkin, P. & Rock, D.
(2023): GPTs are GPTs: An Early Look at the
Labor Market Impact Potential of Large
Language Models (Working Paper),
21.03.2023 Abgerufen am: 22.03.2023 von
https://arxiv.org/pdf/2303.10130.pdf

ETF Managers Group (o. D.): AIEQ: AI Powered Equity
ETF. Abgerufen am: 15.04.2023 von
https://etfmg.com/funds/aieq/

Ford, B. (2023): IBM to Pause Hiring for Jobs That AI
Could Do. Bloomberg. 01.05.2023. Abgerufen
am: 02.05.2023 von
https://www.bloomberg.com/news/articles/2
023-05-01/ibm-to-pause-hiring-for-back-
office-jobs-that-ai-could-kill

Fromson, N. (2023): Artificial Intelligence Predicts
Genetics of Cancerous Brain Tumors in Under
90 Seconds. Neuroscience News. 23.03.2023.
Abgerufen am: 25.03.2023 von
https://neurosciencenews.com/ai-brain-
cancer-22856/

Fujitsu (2021): Fujitsu Leverages World's Fastest
          Supercomputer 'Fugaku' and AI to Deliver
          Real-Time Tsunami Prediction in Joint
          Project. International Research Institute of
          Disaster Science, Tohoku University,
          Earthquake Research Institute, The
          University of Tokyo, Fujitsu Laboratories
          Ltd. Fujitsu Pressemitteilung. 16.02.2021.
          Abgerufen am 18.03.2023 von
          https://www.fujitsu.com/global/about/reso
          urces/news/press-releases/2021/0216-
          01.html

Future of Life Institute (2023): Pause Giant AI
          Experiments: An Open Letter. Abgerufen
          am: 30.04.2023 von
          https://futureoflife.org/open-letter/pause-
          giant-ai-experiments/

GEOMAR (2021): Einsatz künstlicher Intelligenz zur
          CO2-Reduktion im Schiffsverkehr.
          22.04.2021. Abgerufen am 15.04.2023 von
          https://www.geomar.de/news/article/einsat
          z-kuenstlicher-intelligenz-zur-co2-
          reduktion-im-schiffsverkehr

Gordon, R. (2021): Robust artificial intelligence tools
        to predict future cancer. MIT News.
        28.01.2021. Abgerufen am: 15.02.2023 von
        https://news.mit.edu/2021/robust-artificial-
        intelligence-tools-predict-future-cancer-
        0128

House of Commons (2018): Disinformation and 'fake
        news': Interim Report. House of Commons,
        HC 363, Digital, Culture, Media and Sport
        Committee. 29.07.2018. Abgerufen am
        08.03.2023 von
        https://publications.parliament.uk/pa/cm20
        1719/cmselect/cmcumeds/363/363.pdf

Hua A., Martin K., Shen Y., Chen N., Mou C., Sterk M.,
        Reinhard B., Reinhard F. F., Lee S., Alibhai
        S. & Jewell Z.C. (2022): Protecting
        endangered megafauna through AI analysis
        of drone images in a low-connectivity setting:
        a case study from Namibia. PeerJ.
        03.08.2022. Abgerufen am 20.04.2023 von
        https://doi.org/10.7717/peerj.13779

Legislation.gov.uk (2016): Investigatory Powers Act 2016. UK Public General Acts. 2016 c. 25. Abgerufen am: 20.04.2023 von https://www.legislation.gov.uk/ukpga/2016/25/contents/enacted

Li, P., Yang, J., Islam, M. A. & Ren, S. (2023): Making AI Less "Thirsty": Uncovering and Addressing the Secret Water Footprint of AI Models. 06.04.2023. Abgerufen am 22.04.2023 von https://arxiv.org/pdf/2304.03271.pdf

Liu, Y., Gadepalli, K., Norouzi, M., Dahl, G. E., Kohlberger, T., Boyko, A., Venugopalan, S., Timofeev, A., Nelson, P. Q., Corrado, G. S., Hipp, J. D., Peng, L. & Stumpe, M.C. (2017). Detecting Cancer Metastases on Gigapixel Pathology Images. 08.03.2017. Abgerufen am: 26.03.2023 von https://arxiv.org/pdf/1703.02442.pdf

Microsoft (2023): Microsoft and OpenAI extend partnership. Official Microsoft Blog. 23.01.2023. Abgerufen am: 26.01.2023 von https://blogs.microsoft.com/blog/2023/01/23/microsoftandopenaiextendpartnership/

Microsoft (o. D.): Microsoft AI. AI for Earth. Abgerufen am 25.04.2023 von https://www.microsoft.com/en-us/ai/ai-for-earth

Nationales Centrum für Tumorerkrankungen Dresden (2022): Die Bedeutung von KI für die Krebsmedizin. Healthcare in Europe. 02.02.2022. Abgerufen am: 30.03.2023 von https://healthcare-in-europe.com/de/news/die-bedeutung-von-ki-fuer-die-krebsmedizin.html

Neko (2023): Neko Health launches a first-of-its-kind full-body scanner to help doctors find and prevent disease. Pressemitteilung. 02.02.2023. Abgerufen am: 15.02.2023 von https://www.nekohealth.com/se/neko-health-launch

Perrigo, B. (2023): Exclusive: OpenAI Used Kenyan Workers on Less Than $2 Per Hour to Make ChatGPT Less Toxic. TIME. 18.01.2023. Abgerufen am: 20.02.2023 von https://time.com/6247678/openai-chatgpt-kenya-workers/

SRI International (o. D.): Case Study. The man, the myth, the legend: Meet Shakey the robot, the world's first AI-based robot. Abgerufen am: 25.01.2023 von https://www.sri.com/case-study/the-man-the-myth-the-legend-meet-shakey-the-robot-the-worlds-first-ai-based-robot/#

Tang, J., LeBel, A., Jain, S. & Huth, A. G. (2023): Semantic reconstruction of continuous language from non-invasive brain recordings. Nature Neuroscience 26, 01.05.2023. Abgerufen am 01.05.2023 von https://doi.org/10.1038/s41593-023-01304-9

Tennery, A. & Cherelus, G. (2016): Microsoft's AI Twitter bot goes dark after racist, sexist tweets. Reuters. 24.03.2016. Abgerufen am 21.02.2023 von https://www.reuters.com/article/us-microsoft-twitter-bot-idUSKCN0WQ2LA

Water Online (2011): Made In IBM Labs: New Flood Prediction Technology Simulates Rivers 100x Faster Than Real Time. 25.08.2011. Abgerufen am 18.03.2023 von https://www.wateronline.com/doc/new-flood-prediction-technology-simulates-0001

WEF (2023): The Future of Jobs Report 2023. World Economic Forum. 30.04.2023. Abgerufen am: 01.05.2023 von https://www.weforum.org/reports/the-future-of-jobs-report-2023

WildTrack (o. D.): FIT: Footprint Identification Technology. Abgerufen am 20.04.2023 von https://www.wildtrack.org/our-work/fit-technology

Worldcoin (2023): Introducing World ID and SDK. Worldcoin Blog. 14.03.2023. Abgerufen am 20.04.2023 von https://worldcoin.org/blog/announcements/introducing-world-id-and-sdk

Yossi, M. (2023): Helping more people stay safe with flood forecasting. Google Blog. 22.05.2023. Abgerufen am 23.05.2023 von https://blog.google/outreach-initiatives/sustainability/flood-hub-ai-flood-forecasting-more-countries/

9 783949 152313